JN001606

知らないと損する爆速テク

パソコン博士TAIKI 著　日経PC21 編

できる人の
パソコン
仕事術
なんと
効率10倍!

日経BP

はじめに

　パソコンが仕事に欠かせない道具となった今、パソコンをいかに効果的に活用できるかが、仕事のスピードと質を上げる鍵になります。仕事ができる人のパソコンさばきを見ていると、アプリや画面を次々と切り替えながら素早く入力・編集し、あっという間に作業を終わらせていることに気付きます。その速さには圧倒されてしまうほどです。

　とはいえ、仕事が速い人のパソコンにだけ、何か特別な仕掛けがあるわけではありません。パソコンが備える便利な機能を知り、その最適な使い方をマスターすれば、実は誰でも、テキパキとスムーズに仕事をこなせるようになります。

　例えば、Excelの見積書に今日の日付を入力するとき、カレンダーを確認したうえで「〇年〇月〇日」と手入力していたら、普通は10秒くらいかかります。一方、Excelをよく知る人なら2つのキーを押すだけ。瞬時に入力は完了です。また最近はAI（人工知能）の技術が進み、文書の下書きなどをAIに頼めるようになりました。活用のコツを押さえれば、従来は30分かけていた書類の作成時間を5分に短縮できるでしょう。

　このような便利機能を賢く使いこなすことで、仕事の効率を何倍にもアップしていただくのが本書の狙いです。講師としてお迎えしたのは、YouTubeで多数のパソコン解説動画を配信しているパソコン博士TAIKIさん。TAIKIさんオススメの実用機能や最速の操作方法など、一生使えるテクニックの数々を1冊に凝縮しました。知恵とスキルが確実に身に付く本書を、日々のパソコン仕事にお役立てください。

日経PC21編集部

CONTENTS

アプリ起動 編 9

01 アプリを爆速で起動する 10
スタートメニューやデスクトップは使うな!

02 タスクバーも脱マウス 13
アプリだけでなくウェブやフォルダーも登録

03 毎日使うアプリは自動で起動 19
ウェブサイトやフォルダー、ファイルも自動で開ける

ファイル操作 編 25

01 目当てのファイルに最速でアクセス 26
エクスプローラーを賢く使う

02 移動やコピーの実践テクニック 33
マウスとキーの使い分けと、一発選択のワザ

03 好みのアプリでファイルを開く 41
ダブルクリックで開く「既定のアプリ」を確実に設定

04 ウインドウを瞬時に切り替える 46
ウインドウの配置や最小化もワンタッチ

ブラウザー 編 ······················· 53

01 タブ活用でウェブ閲覧を効率化 ······················· 54
リンクを開くときのひと工夫で断然便利に

02 即座に検索し、確実にヒットする ······················· 60
必要な情報に最速でたどり着く検索テクニック

03 思い通りに表示して快適に閲覧 ······················· 71
ブックマークの表示も工夫して効率化

Excel 編 ······················· 79

01 キー操作でワンタッチ入力 ······················· 80
日時は自動入力、同じデータは瞬時にコピー

02 連続データはマウスで自動入力 ······················· 85
1、2、3…と続く連番を自由自在に操る

03 「表示形式」の活用で手間激減 ······················· 95
単位の自動表示で省力化、桁数も自在に

04 日付の表示を自在に操る ······················· 103
曜日の自動表示や和暦への対応も可能

Excel 編

05 表の編集・加工に役立つ基本ワザ ……… 109
表の移動やコピー、行や列の入れ替えを手早く

06 データ修正が一瞬で終わる感動テク ……… 116
1日仕事が1分で終わる実用機能をマスター

07 大きな表をスマートに操る ……… 126
画面に収まらないデータをワンタッチで選択

08 計算の基本を押さえよう ……… 136
関数が苦手でも大丈夫!

09 費目別集計もマウスで全自動 ……… 146
ピボットテーブルが便利すぎる!

Word 編 155

01 余計なお節介は解除して快適に ……… 156
Wordは初期設定で使うな!

02 素早く楽に入力する便利ワザ ……… 163
予測入力や単語登録を活用、PDF読み込みも

03 レイアウトの悩みを即座に解消 ……… 170
スペースキーで位置調整するのはやめよう

04 1枚ずつ宛名を変えて連続印刷 ……… 180
Excelデータを利用した「差し込み印刷」のワザ

AI活用 編 ——————————— 189

01 **情報収集や企画案はAIに相談** ———— 190
無料で使えるAIが有能なアシスタントになる

02 **要約も翻訳もデータ分析も頼める** ———— 199
驚異の言語処理能力をフル活用

03 **画像や動画の分野でも大活躍** ———— 208
生成から内容の説明、加工まで全自動

実用度満点の時短ショートカットキー ———— 220
索引 ———— 222

TAIKIチャンネル
https://www.youtube.com/@taiki007

「わかりにくいをわかりやすく」をモットーに、人々のPCライフが少しでも快適になるようなお役立ち情報や豆知識をYouTubeで発信中。パソコン、周辺機器、インターネット、セキュリティなど、ITに関わる旬なテーマを幅広く取り上げ、基本から裏ワザまで丁寧に解説しています。

パソコン博士TAIKI

アプリ起動 編

01 アプリを爆速で起動する ········· 10

02 タスクバーも脱マウス ········· 13

03 毎日使うアプリは自動で起動 ········· 19

01

アプリを爆速で起動する
スタートメニューやデスクトップ画面は使うな！

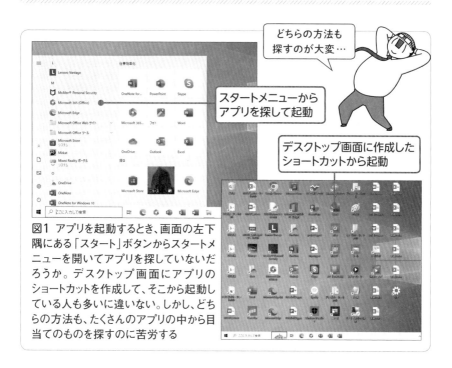

どちらの方法も
探すのが大変…

スタートメニューから
アプリを探して起動

デスクトップ画面に作成した
ショートカットから起動

図1 アプリを起動するとき、画面の左下隅にある「スタート」ボタンからスタートメニューを開いてアプリを探していないだろうか。デスクトップ画面にアプリのショートカットを作成して、そこから起動している人も多いに違いない。しかし、どちらの方法も、たくさんのアプリの中から目当てのものを探すのに苦労する

　仕事を素早くこなすには、まずスタートを速くすることが大切です。必要なアプリを起動するのにモタモタしていると、思い付いたことを忘れてしまうかもしれませんし、やる気もうせてしまいます。

　利用するアプリをスタートメニューから選択して起動している人は、その分、無駄な時間と手間を費やしているといえます。スタートメニューから目当てのアプリを探すのは、意外と面倒なものです。そこで、デスクトップ画面にショートカットのアイコンを並べる方法もよく使われますが、それも数が増

Windows 11のスタートメニューはさらに使いにくい

図2 Windows 11では、「スタート」ボタンを押して最初に開く画面に「ピン留め済み」という場所がある（❶❷）。ここにあるアプリは最短2クリックで起動できるが、それ以外のアプリは「すべてのアプリ」をクリックした後、アプリの一覧をスクロールして探す必要があり（❸❹）、結構な手間と時間がかかる

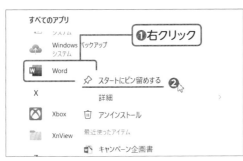

図3 「すべてのアプリ」の一覧にあるアプリをスタートメニューのトップ画面に配置するには、アプリ名を右クリックし、「スタートにピン留めする」を選ぶ（❶❷）。すると、スタートメニューの「ピン留め済み」に追加されるが、すでに場所が埋まっている場合、「ピン留め済み」の2ページ目以降に配置されるなど、使い勝手はいまひとつだ

えるとゴチャゴチャしてしまい、結果的にどこに何があるのかわからなくなりますよね（図1）。

Windows 11をお使いの方は、もっと面倒を感じているかもしれません（図2）。スタートメニューに「ピン留め」するのも手ですが、この「ピン留め済み」の1ページ目に並べられるアプリの数は限られていますし、その中で優先順位を決めるのも悩ましいものです（図3）。

そんな悩みを解消すべく、どんなアプリも一瞬で起動できる最速の方法を紹介しましょう。スタートメニューをマウスで操作するのではなく、キーボードを使ってアプリを呼び出す方法です。

　「Windows」キーを押すとスタートメニューが開きますが、実はその瞬間に検索ボックスにカーソルが移動しています（図4）。そのままアプリ名をキー入力すると、アプリが検索されて候補として選ばれます。あとは「Enter」キーを押せばアプリが起動します。アプリ名の入力は頭文字など一部でOKです。慣れれば0.5秒で起動できるようになるでしょう。

マウスを使わずに0.5秒でアプリを起動

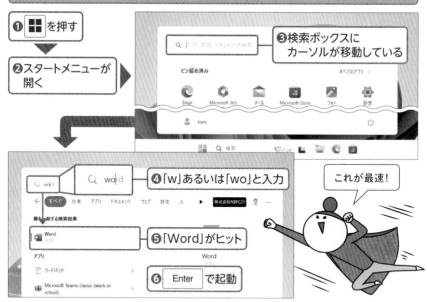

図4 キーボードにある「Windows」キーを押すと（❶）、スタートメニューが開く（❷）。実はこのとき、検索ボックスにカーソルが移動していて、何かキーを押せばそのまま検索ボックスに入力できる状態になっている（❸）。そこで、Wordを起動したければ「word」と入力すればよい。「w」あるいは「wo」まで入力した時点で、Wordが1番目の候補に現れ選択されるので（❹❺）、そのまま「Enter」キーを押せば即座に起動できる（❻）。Windows 11でも10でも同じだ

タスクバーも脱マウス

アプリだけでなくウェブやフォルダーも登録

❶ 🪟 + 5 を押す

図1 タスクバーに並んだアプリのボタンをクリックすると、そのアプリを起動できる。実はこのボタンには、左から順番に番号が振られている（上）。「Windows」キーを押しながらその番号のキーを押すと（❶）、一瞬でそのアプリを起動できる（❷）。よく使うアプリを左のほうから順番に並べておくと便利だ

❷5番目に位置するアプリが起動

一発やね

　アプリを素早く起動するのに効果的なもう1つのテクニックが、タスクバーの活用です。タスクバーにアプリのボタンを並べれば、ワンクリックで起動できることをご存じの方は多いでしょう。でも、それだけではないんです。タスクバーに並べたアプリのボタンには、左から順番に番号が振られていることを知っていましたか？

　例えば、「Windows」キーを押しながら「5」のキーを押すと、タスクバーの左から5番目にあるアプリを起動できます（図1）。よく使うアプリをタスクバーに登録しておけば、「Windows」+数字キーを使い、一瞬で起動できる

タスクバーにアプリを「ピン留め」する

図2 タスクバーにアプリのボタンを置くには、スタートメニューの「すべてのアプリ」を開いて、目当てのアプリを右クリック（❶）。開くメニューにある「詳細」または「その他」から「タスクバーにピン留めする」を選ぶ（❷❸）。するとタスクバーの右端にボタンが表示されるので（❹）、ドラッグ操作で好みの場所に移動しよう（❺）

図3 アプリを起動中にタスクバーのボタンを右クリックして（❶）、「タスクバーにピン留めする」を選ぶ方法もある（❷）。すると、アプリを終了してもボタンがそのまま残る

ようになるわけです。

　タスクバーにアプリのボタンを配置するには、スタートメニューの「すべてのアプリ」の一覧でアプリを右クリックし、「詳細」→「タスクバーにピン留めする」を選びます（**図2**）。アプリの起動中にボタンを右クリックして「タスクバーにピン留めする」を選んでも構いません（**図3**）。

　図1で示した通り、タスクバーに並べたアプリには1から0までの番号が振られています。つまり、「Windows」+数字キーで起動できるアプリは10個までです。そこで、使用頻度の高いアプリを左から10個選んで、タスク

不要なボタンやアプリは非表示に

図4 あまり使わないアプリのボタンはタスクバーから消してしまおう。それにはボタンを右クリックして（❶）、「タスクバーからピン留めを外す」を選ぶ（❷）

図5 「タスクビュー」ボタン（❶）を消すには、11ではタスクバーの何もないところを右クリックして（❷）、「タスクバーの設定」を選択（❸）。開く画面の「タスクバー項目」欄で、「タスクビュー」を「オフ」にする（❹）。10では右クリックメニューにある「タスクビューボタンを表示」を選んでオフにする

バーに並べるといいでしょう。あまり使わないアプリのボタンは、右クリックして「タスクバーからピン留めを外す」を選んで削除してください（**図4**）。

　なお、デスクトップ画面やアプリのウインドウを切り替えるのに使う「タスクビュー」ボタンは、消し方が異なります。Windows 11では、タスクバーの何もないところを右クリックして「タスクバーの設定」を選び、開く設定画面で表示を「オフ」にすることで非表示にできます（**図5**）。

ウェブサイトをタスクバーにピン留め

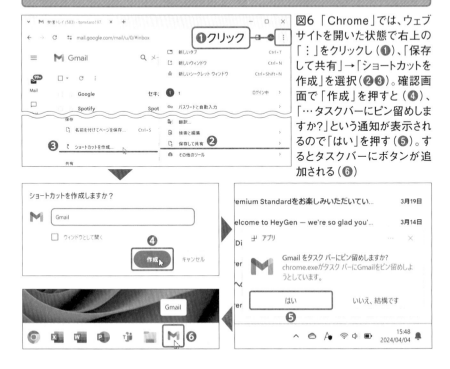

図6 「Chrome」では、ウェブサイトを開いた状態で右上の「︙」をクリックし（❶）、「保存して共有」→「ショートカットを作成」を選択（❷❸）。確認画面で「作成」を押すと（❹）、「…タスクバーにピン留めしますか?」という通知が表示されるので「はい」を押す（❺）。するとタスクバーにボタンが追加される（❻）

ウェブサイトや個々のフォルダーもタスクバーに登録

　タスクバーにピン留めできるのは、アプリだけではありません。ウェブサイトのボタンを追加して、"お気に入り"のように使うこともできます。

　それには、ピン留めしたいウェブサイトを開いた状態でブラウザーから設定します。「Chrome」の場合、右上隅の「︙」をクリックしてメニューを開き、「保存して共有」（または「キャスト、保存、共有」）→「ショートカットを作成」を選びます（図6）。開く画面で「作成」を押すと、デスクトップ画面やスタートメニューにショートカット（リンク）が作成されると同時に、「… をタスクバーにピン留めしますか?」という通知が表示されます[注]。「はい」を選ぶとタス

[注] スタートメニューでは「Chromeアプリ」フォルダーの中にショートカットが作成される。図6右下の通知が表示されない場合は、このショートカットの右クリックメニューからピン留めできる

特定のフォルダーをタスクバーにピン留め

図7 よく使うフォルダーをタスクバーにピン留めすることもできる。ただし、ちょっとした裏ワザが必要だ

フォルダーもお願い

❶右クリック

| 表示 |
| 並べ替え |
| 最新の情報に更新 |
| 元に戻す - 名前の変更　Ctrl+Z |
| ❷ 新規作成 |
| ディスプレイ設定 |
| 個人用設定 |

フォルダー
ショートカット ❸
Microsoft Access Database

どの項目のショートカットを作成しますか?

このウィザードを使用すると、ローカルまたはネットワークにあるプログラム、ファイル、フォルダー、コンピューター、またはインターネット アドレスへのショートカットを作成できます。

項目の場所を入力してください(T):
C:¥Users¥tomit¥Documents¥仕事用 ❺　　　　　　　　参照(R)...

続行するには [次へ] をクリックしてください。

❹「参照」を押して
フォルダーを選択

図8 デスクトップ画面を右クリックし(❶)、「新規作成」→「ショートカット」を選択(❷❸)。開く画面で「参照」ボタンを押し、ピン留めしたいフォルダーを選択する(❹)。すると、フォルダーの場所を表す文字列(パス)が入力される(❺)

クバーにボタンが追加され、クリックまたは「Windows」+数字キーで、そのサイトを開けるようになります。デスクトップ画面に作成されたショートカットは、削除してしまってOKです。ちなみに「Edge」では、右上隅の「…」をクリックして「その他のツール」→「タスクバーにピン留めする」を選ぶことで、ボタンを追加できます。

さらに、特定のフォルダーをタスクバーにピン留めする裏ワザも紹介しましょう(図7)。それにはまず、目当てのフォルダーへのショートカットを作成し

図9 図8下で入力された
パスの手前に、「explor
er」と入力し、半角スペー
スを空ける(❶)。図のよ
うな表記になったら「次
へ」ボタンを押す(❷)

❶パスの手前に「explorer」と
半角スペースを入力

フォルダー名に変更

図10 ショートカットの名
前欄に「explorer.exe」
と自動入力されるので、
消して任意の名前に書き
換える。対象のフォル
ダー名がいいだろう

❶ドラッグ

❸削除してよい

図11 デスクトップ画面
上にショートカットが作成
されるので、タスクバーに
ドラッグする(❶)。すると
タスクバーにピン留めさ
れ、クリックでフォルダー
を開けるようになる(❷)。
ピン留めできたら、デスク
トップ画面上のショート
カットは、削除してかまわ
ない(❸)

ます。デスクトップ画面を右クリックして「新規作成」→「ショートカット」を選
ぶと、フォルダーの選択画面が開くので、「参照」を押してフォルダーを選び
ます(前ページ図8)。すると、「C:¥ Users¥…」のような、フォルダーの場所
を表す文字列(パス)が入力されるので、その先頭に「explorer」と半角ス
ペースを入力します(図9)。これで、「エクスプローラーを使ってフォルダー
を開く」という働きをするショートカットを作成できます(図10)。そのショー
トカットをタスクバーにドラッグすれば、そのフォルダーを開くボタンとして
ピン留めされます(図11)。

03

毎日使うアプリは自動で起動
ウェブサイトやフォルダー、ファイルも自動で開ける

図1 メールアプリやニュースサイト、仕事の書類を保存しているフォルダーなど、パソコンを起動したら必ず開くアプリやウェブサイト、フォルダーやファイルがあるに違いない。それらを「スタートアップ」に登録しておけば、パソコンの電源を入れてWindowsにサインインするだけで、自動で起動するようになる（❶❷）

❶電源オン

❷自動で開く

自動化
ラクラク

　朝、パソコンの電源を入れて仕事を始めるときには、必ず最初にメールとニュースのチェックをする——そんな人は多いと思います。それなら、パソコンを起動すると同時に、メールアプリやニュースサイトが自動で開くように設定してはどうでしょうか。仕事用のファイルを保存したフォルダーなども自動で開くようにしておけば、すぐに仕事を始められる環境が整い、軽快なスタートを切れるでしょう（図1）。

　Windowsが起動した後、自動的にアプリやウェブサイト、フォルダーやファイルが開くようにするには、「スタートアップ」という機能を使います。仕組みとしては簡単です。「スタートアップ」というフォルダーに、アプリなどの

「スタートアップ」にアプリのショートカットを入れる

❶ **■** + R す を押す

図2 「Windows」キーを押しながら「R」キーを押すと（❶）、「ファイル名を指定して実行」ダイアログが開く。その「名前」欄に「shell:startup」と入力して「Enter」キーを押すか「OK」ボタンを押すと（❷❸）、「スタートアップ」という名前のフォルダーが開く

図3 スタートメニューの「すべてのアプリ」を開いて、自動起動させたいアプリのアイコンを「スタートアップ」フォルダーまでドラッグする（❶❷）。すると、「スタートアップ」フォルダー内にアプリのショートカットが作成される（❸）

ショートカットを入れておけば、それらが自動で起動するようになります。

　「スタートアップ」フォルダーは、探しにくい場所にあるので、**図2**の方法で開くのが簡単です。すなわち、「Windows」キーを押しながら「R」キーを押して「ファイル名を指定して実行」ダイアログを開き、「shell:startup」と半角文字で入力して「OK」を押します。

　すると「スタートアップ」フォルダーが開くので、そこにアプリなどのショー

「スタートアップ」にウェブサイトを登録する

図4 ウェブサイトを自動で開くようにしたければ、ブラウザーでサイトを開き、アドレスバーの左側にあるアイコンを「スタートアップ」フォルダーまでドラッグする。これでウェブサイトのショートカットを作成できる

「スタートアップ」にフォルダーやファイルを登録する

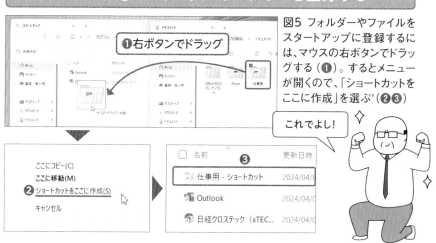

図5 フォルダーやファイルをスタートアップに登録するには、マウスの右ボタンでドラッグする（❶）。するとメニューが開くので、「ショートカットをここに作成」を選ぶ'（❷❸）

トカットを入れます。アプリのショートカットは、スタートメニューの「すべてのアプリ」からドラッグすると簡単にコピーできます（**図3**）。特定のウェブサイトを自動で開くようにしたければ、そのサイトをブラウザーで開いた状態で、アドレスバーの左側にあるアイコンを「スタートアップ」フォルダーへとドラッグします（**図4**）。

　フォルダーやファイルの場合は、マウスの右ボタンでドラッグするのがポイントです。ボタンを離すとメニューが開くので、「ショートカットをここに作

成」を選びましょう（前ページ図5）。マウスの左ボタンでドラッグすると、フォルダーやファイルが移動されてしまい、見つけにくくなってしまうので注意してください。

「スタートアップ」フォルダーにショートカットを入れると、パソコンの電源を入れてWindowsにサインインした後、それらが順番に起動します。サインイン直後は、ほかにもさまざまな処理が行われているので、多少のタイムラグはあるでしょう。また「スタートアップ」フォルダーとは別の仕組みで自動

余計なアプリは自動起動させない

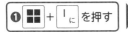

図6 起動が遅いと感じるときは、「スタートアップ」の機能により余計なアプリが起動していないか確認しよう。それには「設定」アプリを開く。スタートメニューにある歯車のアイコンをクリックして起動してもよいが、「Windows」キーを押しながら「I」キーを押す方法なら一瞬だ（❶❷）。起動したらメニューから「アプリ」を選ぶ（❸）

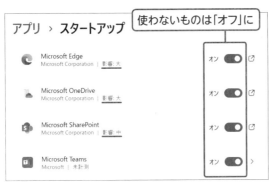

図7 「アプリ」の設定画面で「スタートアップ」を選ぶと、Windowsの起動後に自動起動するアプリを確認できる。「オン」になっているアプリのうち、自分が使っていない不要なものは「オフ」にするとよい。アプリ名の右下に「影響：大」と書かれたアプリをオフにすると時短効果が大きい

起動しているアプリが多いと、なかなか立ち上がってこないかもしれません。その場合は、「設定」アプリの「スタートアップ」を確認して、余計なアプリの自動起動をオフにします（図6、図7）。

アプリの終了も最速で！ Windowsも手早くシャットダウン

アプリなどの起動手順を効率化できたら、終了の操作も最速にしたいものです。お勧めは「Alt」+「F4」というショートカットキー（図8、図9）。「Alt」キーを押しながら「F4」キーを押すと、そのとき最前面に表示されていたア

アプリの終了も最速で！

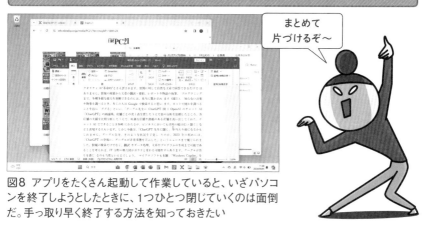

図8 アプリをたくさん起動して作業していると、いざパソコンを終了しようとしたときに、1つひとつ閉じていくのは面倒だ。手っ取り早く終了する方法を知っておきたい

❶ Alt + F4 を押す

❷最前面のアプリが終了

図9 「Alt」キーを押しながら「F4」キーを押すと、最前面にあるアプリを終了できる（❶❷）。Wordなどでファイルを保存していないときは、保存を促すダイアログが表示される

プリを簡単に終了できます。ファイルが保存されていないときは、保存するかどうかの確認画面が表示されるので安心してください。

　複数のアプリやウインドウを開いているときでも、「Alt」+「F4」キーを連打すれば、次々とアプリを終了していけます。すべてのアプリの終了後、さらに「Alt」+「F4」キーを押すと、Windowsまで終了できるのが便利なところです（**図10**）。「Windowsのシャットダウン」画面が開いたら、最後は「Enter」キーを押すことでシャットダウンできます。シャットダウン以外に「スリープ」や「再起動」を選ぶことも可能です。

Windowsの終了まで一気に！

図10　「Alt」+「F4」キーを繰り返し押すと、起動中のアプリを順番に閉じていけるので、あっという間にすべてのアプリを終了できる（❶❷）。さらに「Alt」+「F4」キーを押すと（❸）、最後は「Windowsのシャットダウン」のダイアログが表示されるので、「シャットダウン」が選ばれていることを確認して「Enter」キーを押そう（❹）。これでWindowsもシャットダウンできる

パソコン博士TAIKI

ファイル
操作 編

01 目当てのファイルに最速でアクセス —— 26

02 移動やコピーの実践テクニック —— 33

03 好みのアプリでファイルを開く —— 41

04 ウインドウを瞬時に切り替える —— 46

目当てのファイルに最速でアクセス

エクスプローラーを賢く使う

図1 仕事に使うファイルをササッと開けるようにすることも、時短には不可欠。必要なファイルを保存してあるフォルダーは、エクスプローラーで手早く開けるようにしておこう。そのエクスプローラーは、「Windows」キーを押しながら「E」キーを押して開くのが最速だ（❶❷）。これはWindows 10でも11でも共通なので覚えておこう

　パソコンでは、WordやExcelで作成した書類、画像や写真などのファイルを、フォルダーに分けて整理します。このフォルダーやファイルを管理するためのアプリが「エクスプローラー」です。エクスプローラーでフォルダーを開いたり、ファイルを移動／コピーしたりする操作は、仕事中に頻繁に行うもの。手早くこなせれば、大きな時短につながります。

　まずはエクスプローラーを一瞬で起動する実用ワザから覚えましょう。「Windows」キーを押しながら「E」キーを押せば、エクスプローラーが起動します（図1）。

「クイックアクセス」の活用が時短への近道

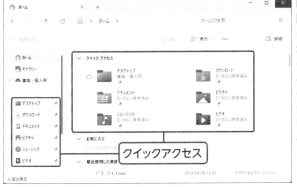

図2 エクスプローラーを開くと、よく使うフォルダーの一覧が最初に表示される。この一覧は「クイックアクセス」と呼ばれる。画面の左側にもクイックアクセスの一覧が表示されている。これを自分なりにカスタマイズして使うのが効率化への近道だ

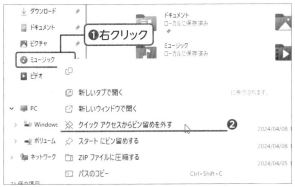

図3 標準では「ミュージック」や「ビデオ」など、仕事ではあまり使いそうにないフォルダーも並んでいる。不要なものは、右クリックして「クイックアクセスからピン留めを外す」を選べば削除できる（❶❷）

　起動直後のエクスプローラーには、「クイックアクセス」というフォルダーの一覧が表示されます（**図2**）。画面の左側にも、同じ一覧がありますね。このクイックアクセスには、あらかじめ登録したフォルダーや、最近使ったフォルダーが表示されます。よく使うフォルダーを登録しておけば、エクスプローラーを起動してすぐにフォルダーを選択して、必要なファイルにアクセスできるようになります。

　標準では「ドキュメント」「ピクチャ」「ミュージック」などのフォルダーが登録されているので、あまり使わないフォルダーは削除してしまいましょう。そ

「クイックアクセス」にフォルダーを登録する

図4 よく使うフォルダーをクイックアクセスに登録するには、右クリックして開くメニューから「クイックアクセスにピン留めする」を選ぶ（❶❷）。するとクイックアクセスに表示される（❸）。画面左側での表示順は、ドラッグ操作で入れ替えられる

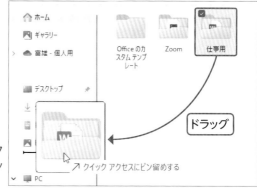

図5 画面左側にあるクイックアクセスの一覧にフォルダーをドラッグしても追加できる

れには、不要なフォルダーを右クリックして、「クイックアクセスからピン留めを外す」を選びます（前ページ図3）。クイックアクセスから削除しても、フォルダーの実体は削除されませんのでご安心ください。

　よく使うフォルダーをクイックアクセスに登録するには、2つの方法があります。1つは、フォルダーを右クリックして「クイックアクセスにピン留めする」を選ぶ方法（図4）。もう1つは、フォルダーを画面左側のクイックアクセスの

Windows 11ではファイルを「お気に入り」に登録

図6 Windows 11のエクスプローラーでは、ファイルを「お気に入り」に登録することも可能。ファイルを右クリックして「お気に入りに追加」を選ぶと（❶❷）、「ホーム」画面のクイックアクセスの下に「お気に入り」として表示される（❸）

「お気に入り」はこちらです

一覧にドラッグする方法です（図5）。画面左側の一覧は、上下にドラッグすることでフォルダーの順番も変えられます。使いやすいように並べ替えるとよいでしょう。

　なおWindows 11では、エクスプローラーを起動すると最初に表示される「ホーム」画面に、クイックアクセスに加えて「お気に入り」という欄が追加されました（図6）。ここには、よく使うファイルを登録することができるので、フォルダーはクイックアクセスに、ファイルはお気に入りに登録して使うと効率が上がります。

フォルダーの中で、ファイルを素早く選んで開くテクニックも紹介しましょう。フォルダーの中にたくさんのファイルがあると、画面をスクロールしながら探してマウスで選ぶのにひと苦労しますよね。

必要なファイルの名前がわかっているなら、一瞬で探す方法があります。例えば「WebサイトPV」という名前のファイルを探しているなら、フォルダー内のファイルを1つ選択した後、「W」キーを押してみてください。すると、名前が「W」で始まるファイルへと一発でジャンプして、「Enter」キーを押すだけでそのファイルを開けるようになります（**図7**）。「W」で始まるファイル

フォルダー内のファイルを素早く選択して開く

図7 フォルダー内にたくさんのファイルがあるときは、どれか1つファイルを選んだ後（❶）、ファイル名の先頭のキーを押してみよう。例えば「W」のキーを押すと、名前が「W」から始まるファイルに一発でジャンプして選択できる（❷❸）。そのまま「Enter」キーを押せば、ファイルを即座に開ける（❹❺）

が複数あるときは、「Web」などと数文字分を入力することで、そのファイル名まで一発で移動することができます。

　このテクニックは、日本語のファイル名でも使えます。フォルダー内のファイルを1つ選択した後、そのまま日本語入力を始めると画面左上に表示されますので、そこで変換して「Enter」キーを押すと、その文字で始まるファイルへとジャンプできます（図8）。

　エクスプローラーには検索機能があり、検索ボックスにファイル名を入力してもファイルを探すことができますが、検索の処理には意外と時間がかかります。ファイル名がわかっているなら、直接キー入力してジャンプするほうが近道です。

日本語のファイル名でも同様

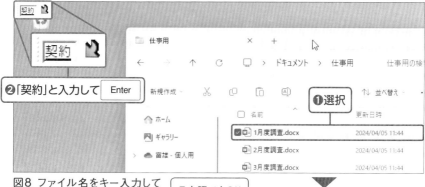

❷「契約」と入力して Enter

❶選択

図8 ファイル名をキー入力してファイルを選択するワザは、日本語のファイル名でも有効だ。いずれかのファイルを選択した後（❶）、「契約」などと日本語を入力すると、画面の左上隅に入力した文字が表示される（❷）。「Enter」キーを押して入力を確定すると、「契約」で始まるファイルが選択される（❸）

日本語でもOK

❸「契約」で始まるファイルが選択される

そのほか、新しいフォルダーを作成したり、ファイル名やフォルダー名を変更したりするためのショートカットキーも覚えておきましょう。「Ctrl」キーと「Shift」キーを押しながら「N」キーを押すと、その場所に新しいフォルダーを作成できます（図9）。ファイルを選択して「F2」キーを押すと、ファイル名が編集可能な状態になります（図10）。どちらの場合も、続けてファイル名を入力することになるわけですから、マウスよりもキー操作で実行したほうが、スムーズにファイル名の入力を始められて効率的です。

フォルダーの作成やファイル名の変更もキー操作で

図9 フォルダーを新規に作成したければ、「Ctrl」キーと「Shift」キーを押しながら「N」キーを押せばよい（❶❷）。「New」の「N」と覚えよう

図10 ファイル名を変更するときは、ファイルを選択して「F2」キーを押す（❶❷）。するとファイル名が編集可能な状態になり（❸）、すぐにファイル名を書き換えられる

入力をすぐに始められるね

02

移動やコピーの実践テクニック

マウスとキーの使い分けと、一発選択のワザ

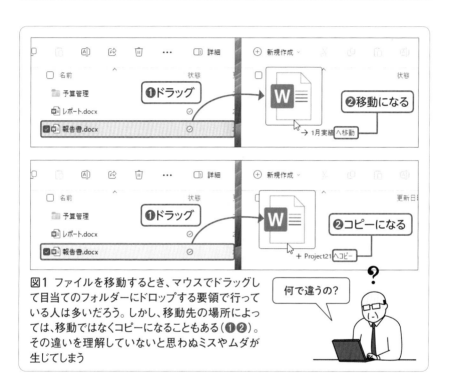

図1 ファイルを移動するとき、マウスでドラッグして目当てのフォルダーにドロップする要領で行っている人は多いだろう。しかし、移動先の場所によっては、移動ではなくコピーになることもある（❶❷）。その違いを理解していないと思わぬミスやムダが生じてしまう

　続いて、ファイルの移動やコピーを効率化するワザを紹介していきます。ファイルの移動をマウスのドラッグ操作で行っている人は多いと思いますが、ファイルを移動したつもりなのに、ファイルがコピーされていて戸惑ったことはないでしょうか（**図1**）。元のファイルが残っていることに気付かず、同名のファイルが複数できてしまうと混乱のもとです。

　ドラッグ操作で移動になるのかコピーになるのかは、ドラッグした先の

ファイルやフォルダーをマウスでドラッグしたときの動作

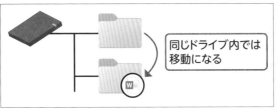

同じドライブ内では
移動になる

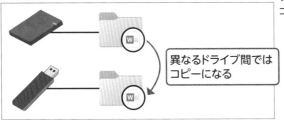

異なるドライブ間では
コピーになる

図2 ファイルをドラッグして別のフォルダーにドロップした場合、そのフォルダーが元のフォルダーと同じドライブ内にあると、ファイルは移動される(上)。一方、USBメモリーなど別のドライブにドラッグした場合は、移動ではなくコピーになる(下)

そうだったんだ〜

　フォルダーが、元のフォルダーと「同じドライブ」の中にあるのか、「異なるドライブ」にあるのかで決まります。同じドライブ内でドラッグすると移動になり、異なるドライブにドラッグするとコピーになるのです(図2)。USBメモリーや外付けのハードディスクにドラッグしたときは、コピーになります。

　それでは、USBメモリーなどにファイルを移動したいときはどうすればよいでしょうか。覚えておきたいのが、「Shift」キーや「Ctrl」キーを押しながらドラッグするワザです。「Shift」キーを押しながらファイルをドラッグすると、同じドライブでも異なるドライブでも常に移動になります(図3)。一方、「Ctrl」キーを押しながらファイルをドラッグすると、常にコピーとなります。これらをうまく使い分ければ、確実にファイルを移動したりコピーしたりできるようになります。

　加えて、マウスの右ボタンでファイルをドラッグすると、移動かコピーかをメニューから選択できることも覚えておくとよいでしょう(図4)。

　ちなみに、Windows 11のエクスプローラーには「タブ」機能が搭載され

ました。1つのウインドウ内に複数のタブを表示して、フォルダーを切り替え
て使えます。このタブとタブの間でファイルを移動したりコピーしたりする
には、まず目当てのフォルダーのタブに向かってファイルをドラッグします。
するとタブが切り替わるので、そのフォルダー内にドロップします（次ペー
ジ図5）。「Shift」キーを押しながらドラッグすれば移動、「Ctrl」キーを押し

「Shift」と「Ctrl」で移動とコピーを使い分ける

図3 移動かコピーかを自在に操りたいなら、「Shift」キーや「Ctrl」キーを併用しよう。
「Shift」キーを押しながらドラッグすると常に移動（上❶❷）、「Ctrl」キーを押しながらドラッ
グすると常にコピーになる（下❶❷）

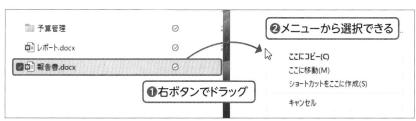

図4 マウスの右ボタンでドラッグするワザもある。ボタンを離すとメニューが表示されるの
で、そこで「ここにコピー」と「ここに移動」のいずれかを選べばよい（❶❷）

ながらドラッグすればコピーになる点は同じです。

　ここまで、マウスのドラッグ操作でファイルを移動したりコピーしたりするテクニックを紹介しましたが、より確実で高速なのがショートカットキーを使う方法です。

　ファイルやフォルダーを選択し、「Ctrl」キーを押しながら「X」キーを押すと「切り取り」の操作になり、「Ctrl」キーを押しながら「V」キーを押すことで「貼り付け」ができます（図6）。これで移動が可能です。一方、「Ctrl」キーを押しながら「C」キーを押せば「コピー」ができるので、同様に「Ctrl」+「V」キーで「貼り付け」ができます（図7）。

　これら3つのショートカットキーは、セットで覚えるのが効果的です。「C」が

Windows 11ではタブに向かってドラッグ

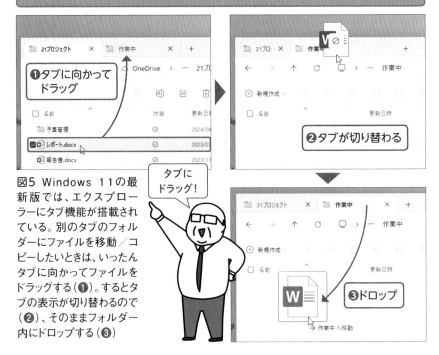

図5 Windows 11の最新版では、エクスプローラーにタブ機能が搭載されている。別のタブのフォルダーにファイルを移動／コピーしたいときは、いったんタブに向かってファイルをドラッグする（❶）。するとタブの表示が切り替わるので（❷）、そのままフォルダー内にドロップする（❸）

「Copy」の頭文字で、その左隣の「X」が「切り取り」、右隣の「V」が「貼り付け」と考えれば覚えやすいでしょう。「X」は「切り取り」のハサミを表しているとイメージするのも一案です。

　続いては、移動やコピーをする際に必要となる"ファイル選択"のワザです。フォルダー内のすべてのファイルを選択するなら、「Ctrl」キーを押しな

ショートカットキーを使えばもっと簡単！

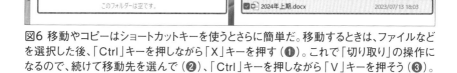

図6 移動やコピーはショートカットキーを使うとさらに簡単だ。移動するときは、ファイルなどを選択した後、「Ctrl」キーを押しながら「X」キーを押す（❶）。これで「切り取り」の操作になるので、続けて移動先を選んで（❷）、「Ctrl」キーを押しながら「V」キーを押そう（❸）。すると「貼り付け」が実行され、元のフォルダーからは消える（❹）

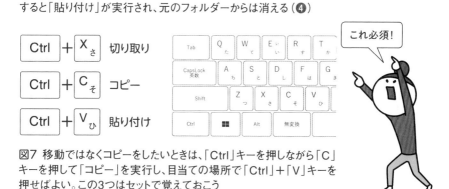

図7 移動ではなくコピーをしたいときは、「Ctrl」キーを押しながら「C」キーを押して「コピー」を実行し、目当ての場所で「Ctrl」＋「V」キーを押せばよい。この3つはセットで覚えておこう

がら「A」キーを押します（**図8**）。連続する複数のファイルを選択するときは、先頭のファイルをクリックして選択した後、最後のファイルを「Shift」キーを押しながらクリックします（**図9**）。離れたところにあるファイルを飛び飛びに選択したいときは、1つめをクリックして選択した後、2つめ以降を「Ctrl」キーを押しながらクリックします（**図10**）。間違って選択してしまったときは、「Ctrl」キーを押しながら再度クリックすると選択を解除できます。

「Ctrl」+「A」ですべて選択

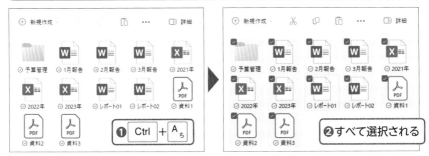

図8 ファイルの選択もショートカットキーが便利。フォルダー内のすべてのファイルやフォルダーを選択したければ、「Ctrl」キーを押しながら「A」キーを押す（❶❷）。「All」の「A」と覚えよう

「Shift」+クリックで連続して選択

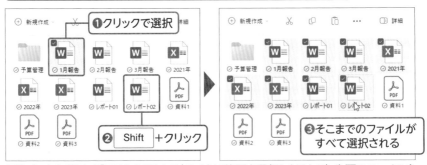

図9 すべてではなく「ここからここまで」のように範囲を選択したければ、先頭のファイルをクリックして選択した後（❶）、最後のファイルを「Shift」キーを押しながらクリックする（❷❸）

この選択解除のワザを応用すると、「フォルダー内で1つだけ除外して残りすべてを選択する」といった操作も楽勝です（**図11**）。先に「Ctrl」+「A」キーを押してすべてのファイルを選択した後、除外したいファイルを「Ctrl」キーを押しながらクリックすればよいのです。こうしたファイル選択のワザ

「Ctrl」+クリックで飛び飛びに選択

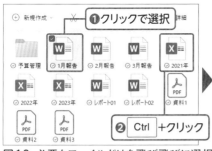 

図10 必要なファイルだけを飛び飛びに選択したいときは、1つめのファイルをクリックして選択した後（❶）、「Ctrl」キーを押しながら2つめ、3つめ…とクリックしていく（❷〜❹）

すべて選択後、「Ctrl」+クリックで除外

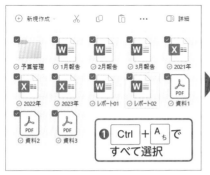 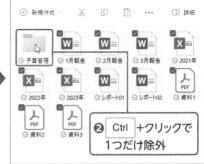

図11 1つのファイルやフォルダーを除いて、ほかのすべてを選択したい——。そんなときは、「Ctrl」キーを押しながら「A」キーを押してすべてを選択した後（❶）、「Ctrl」キーを押しながらクリックすると、そのファイルやフォルダーだけを選択から除外できる（❷）

を駆使すれば、ファイルの整理も楽になりますね。

　最後に、ファイル名に連番を付けるワザも紹介しておきます。複数のファイルを選択した状態で「F2」キーを押し、適当な名前に変更して「Enter」キーを押すと、かっこで連番の付いた名前に一括変更できます（**図12**）。ファイルを選択する際、連番の最後にしたいファイルを先に選択し、その後で「Shift」キーを押しながら先頭のファイルをクリックして選択するのがコツです。すると、先頭のファイルを連番の1番目にできます。

連番を振ったファイル名を一括設定

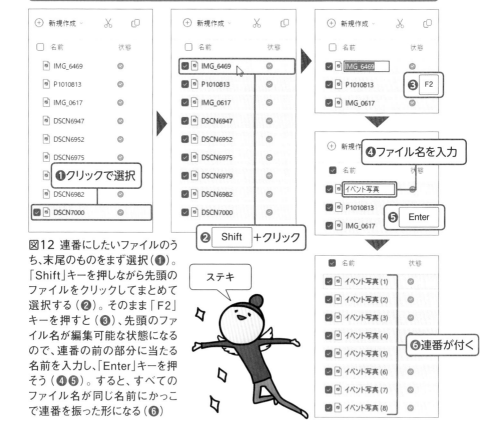

図12 連番にしたいファイルのうち、末尾のものをまず選択（❶）。「Shift」キーを押しながら先頭のファイルをクリックしてまとめて選択する（❷）。そのまま「F2」キーを押すと（❸）、先頭のファイル名が編集可能な状態になるので、連番の前の部分に当たる名前を入力し、「Enter」キーを押そう（❹❺）。すると、すべてのファイル名が同じ名前にかっこで連番を振った形になる（❻）

好みのアプリでファイルを開く
ダブルクリックで開く「既定のアプリ」を確実に設定

図1 Windowsの標準設定では、PDFファイルをダブルクリックするとブラウザーの「Edge」で開く。一般に利用されているアドビの「Acrobat Reader」を使いたいという場合は、「既定のアプリ」の設定を変更する必要がある

　ファイルをダブルクリックしたときに、いつもと違うアプリが開いて戸惑ったことはありませんか？　例えば、PDFファイルを閲覧するアプリとして「Acrobat Reader」を使っている人は多いと思いますが、新しいパソコンではブラウザーの「Edge」が開いてしまいます（図1）。PDF関連のフリーソフトを試そうとしてインストールした結果、そのフリーソフトが常に起動するようになってしまうこともありますよね。

　ファイルをダブルクリックしたときにどのアプリが開くかは、Windowsがどのアプリを「既定のアプリ」にしているかによって決まります。既定のアプリはファイルの種類ごとに決められるので、その設定・変更の方法を覚え

アプリの初回起動時に設定できる場合も

https://get.adobe.com/jp/reader/

ここから入手し、インストール

図2 そもそもパソコンに Adobe Readerが入っていないときは、上記の公式サイトから入手しよう。ダウンロードしたファイルをダブルクリックして実行すると、インストールできる

Acrobat Reader で PDF を毎回開く

Acrobat Reader をデフォルトの PDF アプリケーションにしますか？

いいえ　はい

見落としてた…

図3 Acrobat Readerを初めて起動すると、「…デフォルトのPDFアプリケーションにしますか?」と尋ねられる。「はい」を選べば、以降はPDFが Acrobat Readerで開くようになる。うっかり「いいえ」を選んでしまった場合は、図4の手順で既定のアプリを変更しよう

ておきましょう。

　Acrobat Readerの場合、アプリをインストールして最初に起動したときに、「…デフォルトのPDFアプリケーションにしますか?」と尋ねられます（図2、図3）。この画面で「はい」をクリックすれば、PDFファイルの既定のアプリがAcrobat Readerに変わり、ダブルクリックでAcrobat Readerが起動するようになります。

既定のアプリを変更する

❶右クリック

図4 PDFを右クリックして「プログラムから開く」→「別のプログラムを選択」を選択（❶～❸）。アプリの選択画面が開いたら、「Adobe Acrobat」を選択し、「常に使う」をクリックする（❹❺）。これでPDFのアイコンがAcrobat Readerのものに変わり（❻）、以降はAcrobat Readerで開くようになる

アプリを選択して .pdf ファイルを開く

これでOK!

今回だけ利用する場合

　しかし、最初の確認画面でうっかり「いいえ」を押したり、ほかのアプリをインストールしたりしたときに、既定のアプリが変わってしまう場合もあります。そんなときは、手動で設定を変えましょう。

　既定のアプリを変更するには、ファイルを右クリックして「プログラムから開く」→「別のプログラムを選択」を選ぶ方法が簡単です（**図4**）。開くアプリの一覧で「Adobe Acrobat」を選択し、「常に使う」ボタンを押します。Windows 10では画面が少し違いますが、「常にこのアプリを使って…」にチェックを付けて「OK」を押せば、既定に設定できます。

　ここではPDFを例にしましたが、画像やテキストなど、ほかの種類のファイルでも同様に既定のアプリを変更できます。

リンクをクリックしたときに開く「既定のブラウザー」を変更

　メールやPDF、Office文書などに記載されたリンク（URL）をクリックしたときに、いつもと違うブラウザーが起動してしまう――。普段はグーグルの

既定のブラウザーを変更する

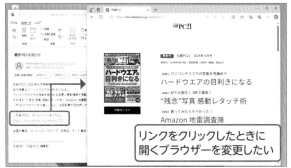

図5 メールや文書内に設けられたリンク（URL）をクリックすると、通常は「既定のブラウザー」として設定されたアプリが開く。グーグルの「Chrome」を使いたいのにEdgeが開くという場合は、Chromeを既定のブラウザーに変更しよう

図6 Windows 11では、「設定」アプリで「アプリ」→「既定のアプリ」とたどり、「Google Chrome」を選ぶと表示される「既定値に設定」ボタンを押せば（❶❷）、Chromeが既定のブラウザーになる

ここにあるのね

「Chrome」を使っているのに、いつの間にかEdgeが起動するようになっていたら困りますよね（図5）。

　これも既定のアプリが変わってしまったことが原因です。ただし、ブラウザーの場合は前述の要領で変更できません。Windowsの「設定」アプリを使います。Windows 11の場合、「アプリ」→「既定のアプリ」の一覧にある「Google Chrome」を選択し、「既定値に設定」ボタンをクリックすると、Chromeが既定のブラウザーに変わります（図6）。Edgeに変更したい場合は、同じ画面で「Edge」を選択して「既定値に設定」を押せばOKです。

図7 Windows 10では、「設定」アプリで「アプリ」→「既定のアプリ」とたどる（❶❷）。「Webブラウザー」欄に「Microsoft Edge」と表示されていたら、これをクリック（❸）。開く一覧から「Google Chrome」を選べば（❹）、Chromeが既定のブラウザーに変わる

Outlook上のリンクがEdgeで開く場合は?

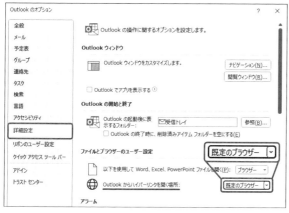

図8 既定のブラウザーをChromeに設定したのに、OutlookのメールにあるリンクがEdgeで開くという場合は、Outlookの設定を確認しよう。「ファイル」タブのメニューで「オプション」を選び、開く画面の「詳細設定」にある「Outlookからハイパーリンクを開く場所」欄が「Edge」になっているので、「既定のブラウザー」に変更する

Windows 10では、「既定のアプリ」画面にある「Webブラウザー」欄で既定にしたいブラウザーを選びます（図7）。

　なお、Outlookのメールに含まれるリンクがEdgeで開いてしまうという場合は、図8の設定を確認してください。一方、Windowsのタスクバーやスタートメニューにある検索ボックスで検索したウェブのリンクは、必ずEdgeで開くことになっていて、残念ながら変更できません。

ウインドウを瞬時に切り替える
ウインドウの配置や最小化もワンタッチ

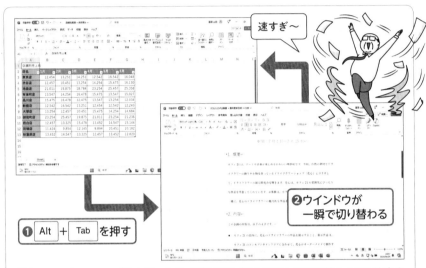

図1 WordやExcel、ブラウザーなど、複数のアプリを起動して切り替えながら仕事をすることは多い。ExcelのデータをWordにコピペする際など、画面を切り替えるのにもたもたしていないだろうか。「Alt」キーを押しながら「Tab」キーを押してすぐ離すと、一瞬で画面を切り替えられるので試してみよう（❶❷）。もう一度押すと、前の画面に戻れる

　ExcelのデータをWord文書にコピペするとき、タスクバーにあるExcelやWordのボタンをクリックして画面を切り替えていませんか? タスクバーまでマウスポインターを動かすのは、無駄な操作です。それ、「Alt」+「Tab」というショートカットキーを使えば一瞬でできます（図1）。37ページで紹介した「Ctrl」+「C」キーでデータをコピーした後、「Alt」+「Tab」キーで画面を切り替え、「Ctrl」+「V」キーで貼り付ける——。そんな方法をマスターすれば、ア

プリ間のコピペ作業を格段に高速化できます。

　この「Alt」+「Tab」キーは、最前面に表示するウインドウを切り替えるためのショートカットキーです。図1のように1回だけ押してすぐに離すと、直前に表示されていたウインドウに瞬時に画面を切り替えられます。そのカラクリを理解するために、動作を"スローモーション"にして解説しましょう。

　まず「Alt」+「Tab」キーを押すと、今開いているウインドウの一覧画面が表示されます（図2）。この中から目当てのウインドウを選ぶ方法は次ページで説明します。このウインドウの一覧画面は、そのとき最前面に表示されていたウインドウが一番左、直前に表示されていたウインドウが2番目……というように並んでいます。標準では2番目のウインドウが選択された状態

「Alt」+「Tab」キーを使えば一瞬！

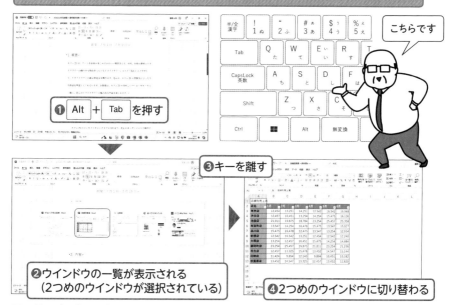

① Alt + Tab を押す

こちらです

③キーを離す

❷ウインドウの一覧が表示される
（2つめのウインドウが選択されている）

❹2つめのウインドウに切り替わる

図2　「Alt」+「Tab」キーを1回だけ押した場合の動作の詳細。キーを押すとウインドウの一覧画面が表示され、標準では2つめのウインドウが選択されている（❶❷）。そのまますぐにキーを離すことで、その画面に切り替わる（❸❹）

になっているので、すぐにキーを離せば、2番目のウインドウに画面が切り替わることになります。

「Alt」+「Tab」キーを押してウインドウの一覧を表示させた後、2番目以降の好きなウインドウを選択したい場合は、「Alt」キーを押したまま、「Tab」キーだけを離します。すると、一覧画面が表示されたままになるので、「Alt」キーを押したまま「Tab」キーをポンポンと押して、目当てのウインドウに選択枠を移動します。最後に「Alt」キーを離せば、そのウインドウを最前面に表示できます（図3）。

アプリのウインドウを切り替えて使うのではなく、2つのアプリを左右に

「Tab」キーの連打でウインドウを選ぶ

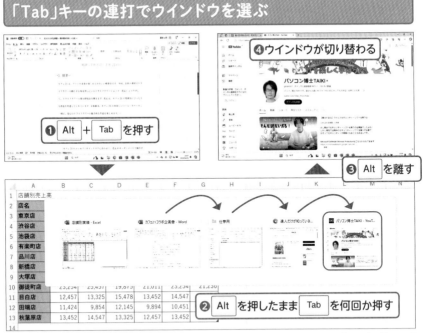

図3 直前に使用していたウインドウとは別の画面に切り替えたいときは、「Alt」+「Tab」キーを押した後（❶）、「Alt」キーは押したまま、「Tab」キーだけを離す。その後、「Tab」キーを1回押すごとにウインドウの選択枠が1つずつ移動するので、目当てのウインドウまで移動し（❷）、最後に「Alt」キーを離すとその画面に切り替わる（❸❹）

並べて作業したい場合もあるでしょう。その際、マウスでウインドウのサイズや位置を調整して画面を整理するのは意外と面倒です。

これもキー操作で効率化できます（**図4**）。「Windows」キーを押しながら左右の矢印キーを押すと、そのとき表示していたウインドウを画面の左半

ウインドウを左右に並べてぴったり配置

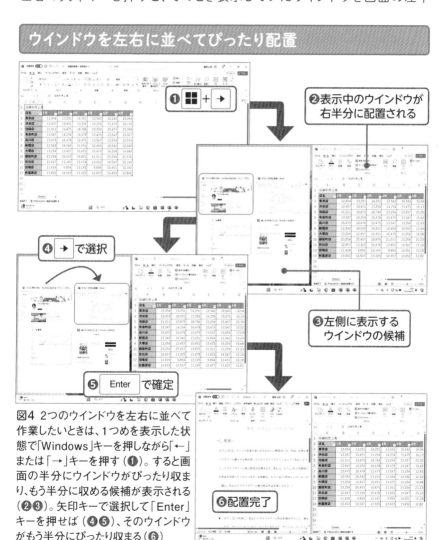

❶ ⊞ ＋ →

❷表示中のウインドウが右半分に配置される

❹ → **で選択**

❸左側に表示するウインドウの候補

❺ Enter **で確定**

図4 2つのウインドウを左右に並べて作業したいときは、1つめを表示した状態で「Windows」キーを押しながら「←」または「→」キーを押す（❶）。すると画面の半分にウインドウがぴったり収まり、もう半分に収める候補が表示される（❷❸）。矢印キーで選択して「Enter」キーを押せば（❹❺）、そのウインドウがもう半分にぴったり収まる（❻）

❻配置完了

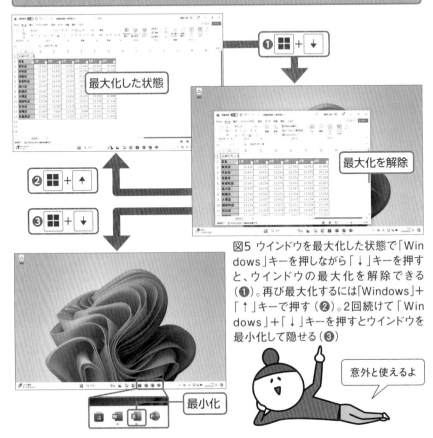

図5 ウインドウを最大化した状態で「Win
dows」キーを押しながら「↓」キーを押す
と、ウインドウの最大化を解除できる
(❶)。再び最大化するには「Windows」+
「↑」キーで押す (❷)。2回続けて「Win
dows」+「↓」キーを押すとウインドウを
最小化して隠せる(❸)

意外と使えるよ

分、または右半分にぴったり配置できます。さらに、残りの半分に表示する
ウインドウも選択できるので、必要なものを選んで「Enter」キーを押せば、
2つのアプリを画面の半分ずつに並べて表示できます。中央の境目をマウ
スでドラッグすれば、その比率を調整することも可能です。

　一方、「Windows」キーを押しながら上下の矢印キーを押すと、ウインド
ウの最大化や最大化の解除、最小化ができます(図5)。「Windows」キー
と上下左右の矢印キーを組み合わせると、ウインドウの表示状態や配置を

すべてのウインドウを一気に最小化

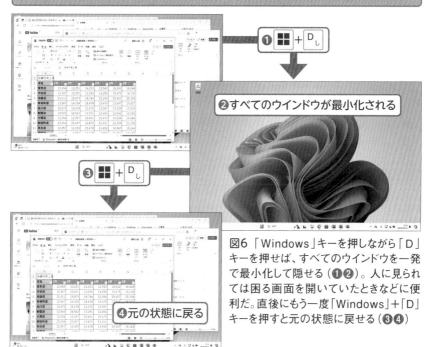

❶ ⊞ + D

❷すべてのウインドウが最小化される

❸ ⊞ + D

❹元の状態に戻る

図6 「Windows」キーを押しながら「D」キーを押せば、すべてのウインドウを一発で最小化して隠せる（❶❷）。人に見られては困る画面を開いていたときなどに便利だ。直後にもう一度「Windows」＋「D」キーを押すと元の状態に戻せる（❸❹）

自由自在に操れることを覚えておきましょう。

　ほかの人には見せてはいけないマル秘情報を閲覧しているとき、あるいは仕事とは無関係のウェブサイトを閲覧していたときに、人が近づいてきた――。急いでウインドウを最小化したり閉じたりしようとして慌てた経験はありませんか？ そんなときにうってつけのショートカットキーが「Windows」+「D」キーです。一瞬で表示中のウインドウをすべて最小化し、デスクトップ画面を表示させられます（図6）。「デスクトップ（Desktop）」の「D」なので、覚えやすいですね。

　休憩をとるなど一時的に席を外すときも、画面の"盗み見"には警戒が必要です。確実なのは、画面をロックして開けなくすること。「Windows」キー

ファイル操作編 ❹ ウインドウを瞬時に切り替える

51

席を外すときは瞬時に画面をロック

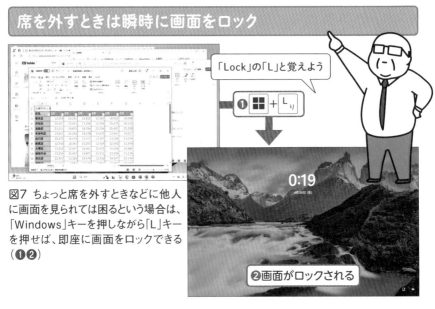

「Lock」の「L」と覚えよう

①⊞ + L リ

②画面がロックされる

図7 ちょっと席を外すときなどに他人に画面を見られては困るという場合は、「Windows」キーを押しながら「L」キーを押せば、即座に画面をロックできる（❶❷）

❶ アカウント ＞ サインイン オプション

❷

図8 Windowsにパスワードを設定していない場合は、「設定」アプリで「アカウント」→「サインインオプション」とたどると（❶）、「パスワード」欄で設定できる（❷）。左の画面はWindows 11だが、Windows 10でも同様だ

を押しながら「L」キーを押せば、瞬時に画面をロックして、風景写真などのロック画面に切り替えられます（**図7**）。

　なお、画面をロックしてもパスワードを設定していなければ、誰でもロックを解除して中身を開けてしまうので注意してください。パスワードはWindowsの「設定」アプリで「アカウント」→「サインインオプション」→「パスワード」とたどれば設定できます（**図8**）。加えてPINや生体認証を設定すれば、よりスマートにロックを解除できるのでオススメです。

パソコン博士TAIKI

ブラウザー （編）

01　タブ活用でウェブ閲覧を効率化 ……… 54

02　即座に検索し、確実にヒットする ……… 60

03　思い通りに表示して快適に閲覧 ……… 71

タブ活用でウェブ閲覧を効率化

リンクを開くときのひと工夫で断然便利に

まとめてチェックだ！

それぞれ内容を確認したい

図1 ウェブの検索結果をチェックするとき、1つリンクをクリックしてページを開いては元の検索結果に戻り、また別のリンクをクリックしてページを開いては戻る……なんて操作を繰り返していないだろうか。行ったり来たりせずに効率良く確認するワザを身に付けたい

　今どき調べものはウェブで検索するのが基本ですよね。それだけに、Googleなどの検索サービスを上手に使い、効率良く情報を集めるスキルがビジネスの現場では求められます。ここではブラウザーの「Chrome」を例に解説しますが、「Edge」でも大半の操作は共通しています。

　Googleなどで検索すると、同じようなウェブページが複数並ぶので、どのページを参照すればよいか迷うことがあります。そんなとき、検索結果を1つずつクリックして確認していませんか？ ページを開いた後、「期待したも

「Ctrl」+クリックを使って別のタブで開く

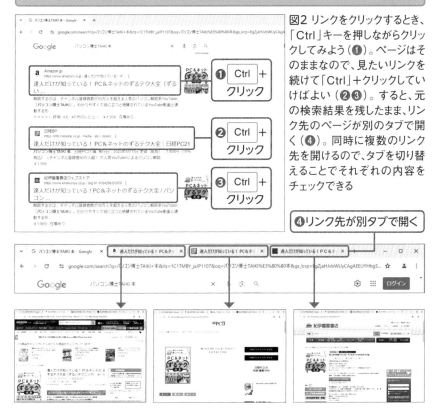

図2 リンクをクリックするとき、「Ctrl」キーを押しながらクリックしてみよう（❶）。ページはそのままなので、見たいリンクを続けて「Ctrl」+クリックしていけばよい（❷❸）。すると、元の検索結果を残したまま、リンク先のページが別のタブで開く（❹）。同時に複数のリンク先を開けるので、タブを切り替えることでそれぞれの内容をチェックできる

ブラウザー編 01 タブ活用でウェブ閲覧を効率化

のと違う……」と元の検索結果に戻り、新たに別のページを開き直すといった操作を繰り返すのは、効率的とはいえません（図1）。

　そこで覚えたいのが、リンクを「Ctrl」キーを押しながらクリックするワザです。リンクを「Ctrl」+クリックすると、新たに別のタブが追加されて、そこにページが開きます（図2）。元の検索結果は表示されたままなので、リンクを順番に「Ctrl」+クリックしていけば、チェックしたいページを次々と選択し、別タブに表示させておくことができます。ひと通りページを開いた後で、タブを切り替えて順番に確認していくのが達人流。同時に開いておけるの

「Ctrl」+「Shift」+クリックなら別タブかつ最前面に

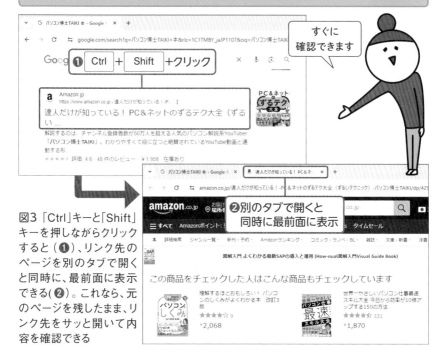

図3 「Ctrl」キーと「Shift」キーを押しながらクリックすると（❶）、リンク先のページを別のタブで開くと同時に、最前面に表示できる（❷）。これなら、元のページを残したまま、リンク先をサッと開いて内容を確認できる

で、気になる箇所を見比べるのにも便利です。ショッピングの際には、価格を比較するのも楽になりますね。

1つずつチェックする場合は「Ctrl」+「Shift」+クリック

検索結果のページを1つずつじっくり確認したいという場合も、単にクリックして開くのはお勧めしません。効率アップを図りたければ、「Ctrl」キーと「Shift」キーを押しながらリンクをクリックしてください。すると、別のタブで開きつつ、かつ最前面に表示してすぐに閲覧できます（図3）。

単にリンクをクリックして開く方法との違いは、ページを開いた後、さらにそのページ内のリンクをクリックして先へ先へと読み進めたときの利便性

不要なページなら「Ctrl」+「W」で閉じる

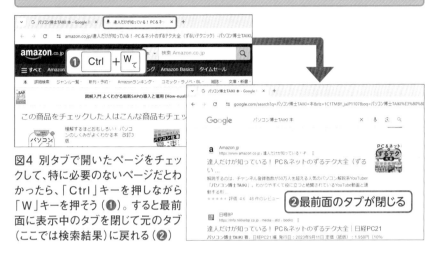

図4 別タブで開いたページをチェックして、特に必要のないページだとわかったら、「Ctrl」キーを押しながら「W」キーを押そう（❶）。すると最前面に表示中のタブを閉じて元のタブ（ここでは検索結果）に戻れる（❷）

「Shift」+クリックは別ウインドウに表示

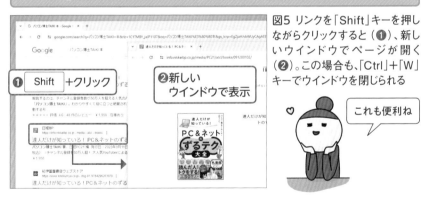

図5 リンクを「Shift」キーを押しながらクリックすると（❶）、新しいウインドウでページが開く（❷）。この場合も、「Ctrl」+「W」キーでウインドウを閉じられる

です。ある程度を読み進めた後で「やっぱりほかの検索結果を参照したい」と思ったら、タブを切り替えるか閉じるだけで検索結果のページに戻れます。検索結果が元のタブに残っているためです。不要になったタブは、「Ctrl」+「W」キーを押すことで即座に閉じられることも覚えておきましょう（図4）。ちなみに、「Shift」キーを押しながらリンクをクリックすると、別タブ

「Ctrl」+「Tab」キーでタブを素早く切り替え

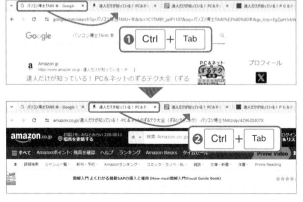

図6 タブの切り替えもキー操作が速い。「Ctrl」キーを押しながら「Tab」キーを押すと（❶）、右隣のタブに表示を切り替えられる。同様に「Ctrl」+「Tab」キーを押していけば（❷）、右へ右へとタブを切り替えられる

図7 「Ctrl」キーに加えて「Shift」キーを押しながら「Tab」キーを押すと（❶）、左隣のタブに表示を切り替えられる（❷）。「Ctrl」+「Tab」キーが右への移動で、これに「Shift」キーを加えると左への移動になると覚えよう

ではなく、別ウインドウでページが開きます（前ページ図5）。

タブの切り替えもキー操作で素早く

　タブをたくさん開いてページを見比べるときは、タブの切り替え操作も効率化しましょう。「Ctrl」キーを押しながら「Tab」キー押すと、右側のタブに表示を切り替えられます（図6）。「Ctrl」+「Tab」キーを連打すれば、右へ右へとタブを切り替え可能です。逆に左側のタブに切り替えたければ、

タブを開きすぎたらメニューで一覧

図8 タブをたくさん開いてしまったときは（❶）、タブの左端にある「∨」ボタンを活用しよう。クリックすると（❷）、現在開いているタブがメニュー表示され（❸）、クリックで選択できる。メニューの下部には最近閉じたタブの一覧もあり（❹）、選択するとタブを復元できる

❶タブを開きすぎた

❷クリック

❸開いているタブの一覧

❹最近閉じたタブの一覧

こんなメニューあったのか

「Shift」キーを加えて「Ctrl」+「Shift」+「Tab」キーを押します（図7）。複数のタブを同時に開いて作業する際に便利です。

　タブが増えすぎて、タブのタイトルも読めないような状況になったら、Chromeでは画面左上の「∨」ボタンを使うと便利です（図8）。開いているタブの一覧がメニュー表示され、ページタイトルを確認しながら選択することができます。下のほうには「最近閉じたタブ」の一覧もあり、閉じてしまったタブを再表示させることも可能です。

即座に検索し、確実にヒットする
必要な情報に最速でたどり着く検索テクニック

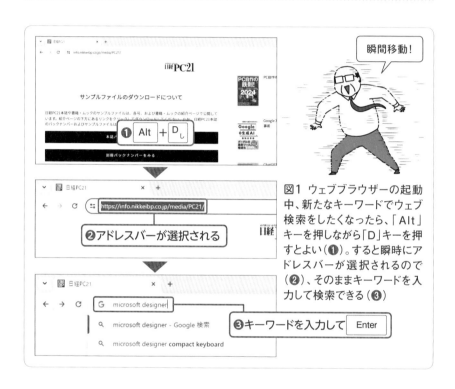

図1 ウェブブラウザーの起動中、新たなキーワードでウェブ検索をしたくなったら、「Alt」キーを押しながら「D」キーを押すとよい（❶）。すると瞬時にアドレスバーが選択されるので（❷）、そのままキーワードを入力して検索できる（❸）

　続いて、ウェブの検索そのものを速く、確実にするテクニックを紹介していきます。まず覚えたいのは、検索を即座に開始する方法です。

　Googleなどの検索ページをいちいち開かなくても、ブラウザーのアドレスバーにキーワードを入力すれば検索できることは皆さんご存じでしょう。でも、「Alt」キーを押しながら「D」キーを押すことで、アドレスバーを瞬時に選択できることは知っていましたか？「Alt」+「D」キーでアドレスバーを選

日本語の検索結果だけに絞り込む

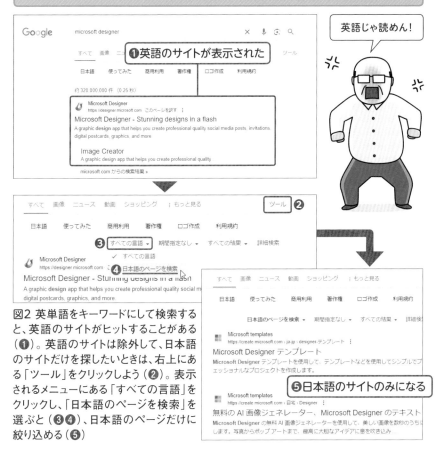

図2 英単語をキーワードにして検索すると、英語のサイトがヒットすることがある（❶）。英語のサイトは除外して、日本語のサイトだけを探したいときは、右上にある「ツール」をクリックしよう（❷）。表示されるメニューにある「すべての言語」をクリックし、「日本語のページを検索」を選ぶと（❸❹）、日本語のページだけに絞り込める（❺）

択すれば、そのままキーワード入力を始められるので効率的です（**図1**）。

　Googleで期待通りの検索結果が表示されないときの対処法も押さえておきましょう。例えば「Microsoft Designer」というサービスについて調べたいとき、「microsoft designer」と入力して検索すると、英語の公式サイトがトップに表示されます。英語が苦手な人は困ってしまいますよね。

　日本語のウェブページに限定して検索したいときは、検索結果の右上に

ブラウザー編 02 即座に検索し、確実にヒットする

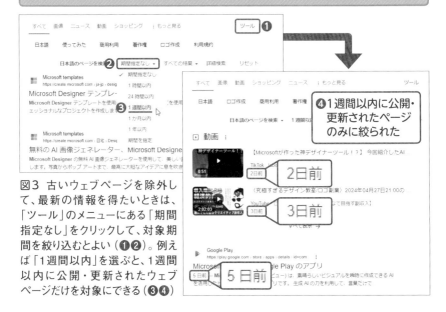

図3 古いウェブページを除外して、最新の情報を得たいときは、「ツール」のメニューにある「期間指定なし」をクリックして、対象期間を絞り込むとよい（❶❷）。例えば「1週間以内」を選ぶと、1週間以内に公開・更新されたウェブページだけを対象にできる（❸❹）

ある「ツール」をクリックします（前ページ**図2**）。すると、検索結果を絞り込むためのツールが表示されます。ここで「すべての言語」と書かれた部分をクリックして、開くメニューから「日本語のページを検索」を選べば、日本語のページだけを検索対象にできます。

　この「ツール」のメニューには、さまざまな絞り込みの機能が備わっています。検索結果に古い情報ばかり出てきてしまうときは、「期間指定なし」と書かれた部分をクリックして、開くメニューで「1週間以内」などと期間を限定するのが効果的です（**図3**）。

複数の語を使って"完全一致"の検索

　Googleで複数のキーワードをスペースで区切って指定すると、すべてのキーワードを含むページを検索できることはご存じでしょう。この仕組みが

複数の語の組み合わせが完全に一致するものを探す

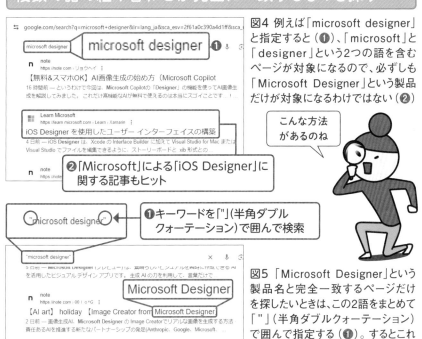

❷「Microsoft」による「iOS Designer」に関する記事もヒット

❶キーワードを「"」(半角ダブルクォーテーション)で囲んで検索

❷「microsoft designer」というひと続きの言葉を含むページのみに絞り込める

図4 例えば「microsoft designer」と指定すると(❶)、「microsoft」と「designer」という2つの語を含むページが対象になるので、必ずしも「Microsoft Designer」という製品だけが対象になるわけではない(❷)

こんな方法があるのね

図5 「Microsoft Designer」という製品名と完全一致するページだけを探したいときは、この2語をまとめて「"」(半角ダブルクォーテーション)で囲んで指定する(❶)。するとこれら2語が連続して登場するページだけが対象になる(❷)。なお、大文字と小文字は区別されない

あだとなってしまうのが、「Microsoft Designer」のようにスペースで区切られた複数の語から成るキーワードを指定したときです。そのまま検索すると「Microsoft」と「Designer」という2つのキーワードとして検索され、それぞれの語が登場する位置や順番は関係なく、両方を含むページがヒットしてしまいます(図4)。

こうした複数の語から成るキーワードを確実に検索するには、それらを「"」(半角ダブルクォーテーション)で囲むワザが有効です(図5)。すると、「"」で

特定のキーワードを含むページは除外

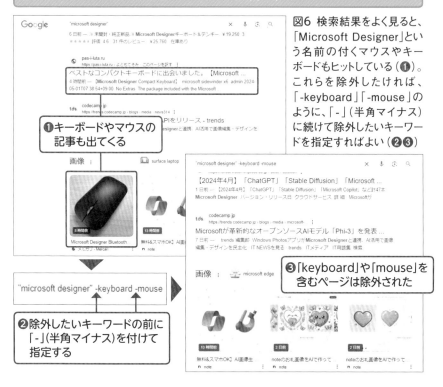

図6 検索結果をよく見ると、「Microsoft Designer」という名前の付くマウスやキーボードもヒットしている（❶）。これらを除外したければ、「-keyboard」「-mouse」のように、「-」（半角マイナス）に続けて除外したいキーワードを指定すればよい（❷❸）

❶キーボードやマウスの記事も出てくる

"microsoft designer" -keyboard -mouse

❷除外したいキーワードの前に「-」(半角マイナス)を付けて指定する

❸「keyboard」や「mouse」を含むページは除外された

囲まれた部分をひと続きのキーワードとして"完全一致"の検索ができます。

　日本語の場合も同様です。複数の語を含む長めの語句や文を検索しようとすると、通常は単語に分割されて検索されます。例えば「生成AIの仕組み」と指定した場合、「生成AI」と「仕組み」という2語がそれぞれ検索対象となります。一方、「"」で囲んで「"生成AIの仕組み"」のように指定すると、「生成AIの仕組み」というひと続きの語句を含むページだけを検索できます。

特定のキーワードを除外する

　検索キーワードが一般的な言葉の場合、その言葉を含むからといって、

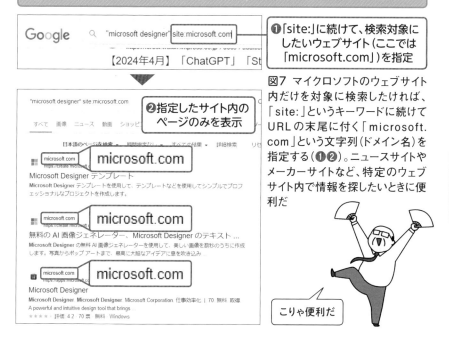

特定のウェブサイト内だけで検索

❶「site:」に続けて、検索対象にしたいウェブサイト（ここでは「microsoft.com」）を指定

❷指定したサイト内のページのみを表示

図7 マイクロソフトのウェブサイト内だけを対象に検索したければ、「site:」というキーワードに続けてURLの末尾に付く「microsoft.com」という文字列（ドメイン名）を指定する（❶❷）。ニュースサイトやメーカーサイトなど、特定のウェブサイト内で情報を探したいときに便利だ

こりゃ便利だ

目的のページになるとは限りません。そのようなときは、「このキーワードを含むページは除外する」という指定をすることで、検索対象を絞り込むことができます。具体的には、除外したいキーワードの前に「-」（半角マイナス）を付けて指定します。

例えば「"microsoft designer" -keyboard -mouse」のように指定することで、「keyboard」や「mouse」という語が含むページを除外できます（図6）。「このキーワードはマイナスする」というイメージなので、指定の方法は覚えやすいですね。

特定のサイトの中だけで検索する

"サイト内検索"のテクニックも便利です（図7）。「site:」というキーワード

PDFファイルに限定して検索

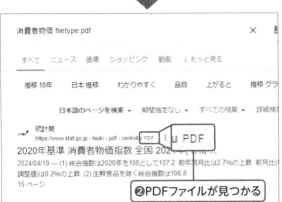

❶「filetype:」に続けて、検索対象にしたいファイル形式(ここでは「pdf」)を指定

❷PDFファイルが見つかる

図8 ウェブで公開されているPDFの資料を探したいときは、キーワードに加えて「filetype:pdf」と指定すればよい(❶❷)。Wordファイルなら「docx」、Excelファイルなら「xlsx」、PowerPointなら「pptx」のように、「filetype:」に続けてファイルの拡張子を指定することで、ファイル形式を指定した検索ができる

に続けてウェブサイトのURLを入力すると、そのURLのサイトの中だけを検索対象にできます。メーカーの公式サイトやニュースサイトなど、信頼できる特定のサイトの中だけで情報を探したいといった場合に便利です。「site:microsoft.com」のようにURLの主要な部分(ドメイン名)だけを指定すれば、そのサイト内全体を検索対象にできます。巨大なウェブサイトの場合は、「site:https://support.microsoft.com/ja-jp/topic/」のようにURLをさらに限定して、サイト内の特定の場所だけを検索対象にすることも可能です。

　似たようなキーワード指定のテクニックに、"ファイル検索"があります。「filetype:」に続けてファイルの種類(拡張子)を入力して検索すると、ウェブ上で公開されているファイルを探すことができます。

　例えば「消費者物価　filetype:pdf」と指定すれば、「消費者物価」とい

ウェブページ内の言葉を即座に検索

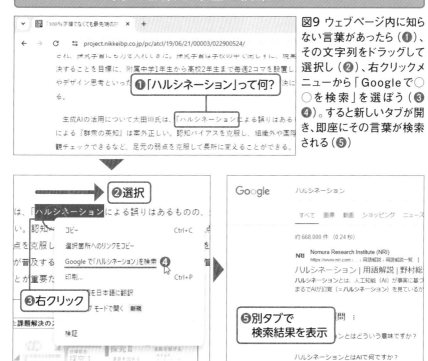

図9 ウェブページ内に知らない言葉があったら（❶）、その文字列をドラッグして選択し（❷）、右クリックメニューから「Googleで○○を検索」を選ぼう（❸❹）。すると新しいタブが開き、即座にその言葉が検索される（❺）

❶「ハルシネーション」って何?

❷選択

❸右クリック

❹

❺別タブで検索結果を表示

うキーワードを含むPDFファイルを検索できます（**図8**）。

ウェブページ内の言葉をすぐ検索、画像も調べられる

　ウェブの閲覧中に、わからない言葉があったら検索して調べますよね。その際、いちいちアドレスバーに手入力する必要はありません。Chromeの場合、文字を選択して右クリックして「Googleで○○を検索」を選ぶことで、即座にその言葉を検索できます（**図9**）。Edgeの場合は、「Webで○○を検索する」を選びます。

　同様の操作はウェブページ上の画像に対してもできます。Chromeの場

ウェブページ内の画像から検索

図10 ウェブページ内の画像を基に検索することも可能。Chromeでは、画像を右クリックして「Googleで画像を検索」を選ぶと（❶❷）、画面の右側に「Googleレンズ」というウィンドウが表示され、画像の検索結果が表示される（❸）。画像内にある適当な部分を自動で認識して検索対象にするので、別の部分を調べたいときは、上部で検索範囲を調整しよう（❹）

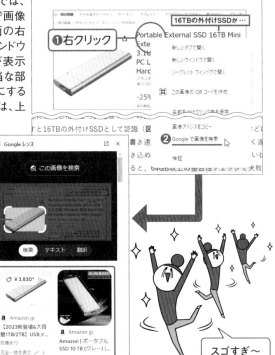

合、ウェブページの画像を右クリックして「Googleで画像を検索」を選ぶと、「Googleレンズ」というウインドウが画面右側に開いて、画像に写っている対象が何かを表示したり、類似の画像があるページを一覧表示したりします（図10）。 画像に写っている商品や動植物の名前を調べられるほか、風景写真を基にその場所がわかることもあります。

画像内の文字を認識、コピーも可能

さらに便利なことに、このGoogleレンズでは、画像に含まれる文字を認

画像内のテキストも認識できる

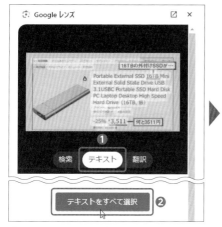
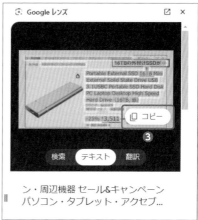

図11 Googleレンズの画面で「テキスト」を選ぶと（❶）、画像内の文字を認識可能。「…すべて選択」をクリックして「コピー」を押すと（❷❸）、画像内の文字をすべてコピーして、「メモ帳」などに貼り付けて利用できる（❹）

ン・周辺機器 セール&キャンペーン
パソコン・タブレット・アクセブ…

❹メモ帳などに貼り付け

周辺機器 セール・キャンペーン パソコン・タブレット
外付けドライブ・ストレージ・外付SSD
16TBの外付けSSDが・・・
T
Portable External SSD 16TB Mini External Solid St
3.1USBC Portable SSD Hard Disk PC Laptop Desktop
ブランド：

識して、テキスト化することも可能です（図11）。検索画像の下に表示されているメニューから「テキスト」を選ぶと、画像内の文字認識が行われます。一部をドラッグして選択することもできますが、下に表示される「テキストをすべて選択」をクリックして「コピー」を選ぶと、すべての文字をテキストデータとしてコピーでき、「メモ帳」などに貼り付けて利用することができます。

　ウェブページ上には、表やチャートなどが画像として掲載されていることがよくありますよね。そのような画像から文字を拾って活用したいといった場合は、Googleの画像検索を利用するのが手っ取り早いです。

同様の画像検索を、パソコンの中にある画像ファイルに対して行うことも
できます。それには、Googleの検索ページを開いてキーワード入力欄の右
端にあるカメラの絵柄のボタンを押します（図12）。「Googleレンズで画像
を検索」と書かれたウインドウが表示されたら、「ファイルをアップロードし
ます」のリンクをクリックしてファイルを選択するか、ファイルを直接ドラッ
グ・アンド・ドロップします。すると、被写体の名前が表示されたり、それに
関連するページが一覧表示されたりするので、「写真に写っているこれは
何?」といった場合にとても役立ちます。

画像ファイルを指定して検索

図12 パソコンに保存されている画像ファイルを基に検索することもできる。Googleの検
索ページで、入力欄の右端にあるカメラのボタンをクリック（❶）。「Googleレンズで画像を
検索」という欄に、画像ファイルをドラッグ・アンド・ドロップする（❷）。すると、その画像を検
索して、写っているものの名前や、類似の画像があるウェブページを表示する（❸）

思い通りに表示して快適に閲覧

ブックマークの表示も工夫して効率化

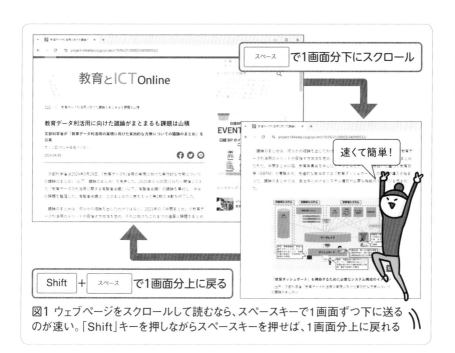

図1 ウェブページをスクロールして読むなら、スペースキーで1画面ずつ下に送るのが速い。「Shift」キーを押しながらスペースキーを押せば、1画面分上に戻れる

　ウェブページを閲覧するときのページ操作も、スムーズに行うことで効率がアップします。例えば、長いウェブページをスクロールするとき、どのように操作しているでしょうか? マウスを使っていれば、中央のホイールを回してスクロールするのが便利ですが、ノートパソコンのタッチパッドでは、スクロール操作がしにくいこともあります。

　そんなときはスペースキーを使いましょう(図1)。スペースキー押すと、表示されたウェブページを1画面分下にスクロールして、続く内容を一発で表

示できます。「Shift」キーを押しながらスペースキーを押せば、1画面分、上に戻れます。

　なお、一番下まで読み進めた後、先頭に戻るときは「Home」キーを押すのが最速です（**図2**）。一発でページのトップまで戻れます。逆に「End」キーを押せば、ページの一番下まで一気に進むことができます。

ウェブページの表示サイズを調節する

　ディスプレイのサイズが小さかったり、ウェブページ上の文字サイズが小さかったりすると、ページ内の文章を読むのに苦労します。そんなときは、ウェブページの表示サイズを拡大しましょう。簡単なのは、「Ctrl」キーを押しながらマウスのホイールを回転させる方法です（**図3**）。前に回転させると拡大、後ろに回転させると縮小できます。

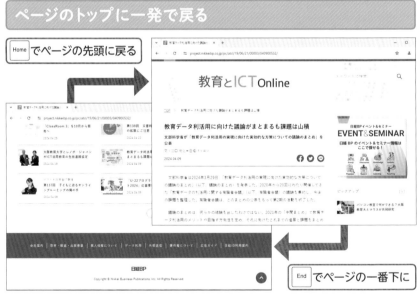

ページのトップに一発で戻る

Home でページの先頭に戻る

End でページの一番下に

図2　ウェブページをスクロールして読み進めた後、先頭に戻るときは「Home」キーを押すのが速い。逆に「End」キーを押せば、ページの一番下へ一発で移動できる

この操作で表示を拡大／縮小できるのは、WordやExcel、PDFなど多くのアプリで共通なので、覚えておくと便利です。ちなみにブラウザーの場合は、「Ctrl」キーを押しながら「0」(ゼロ)キーを押すことで原寸(100％)の表示に戻せます(**図4**)。

文字が小さいページを拡大表示

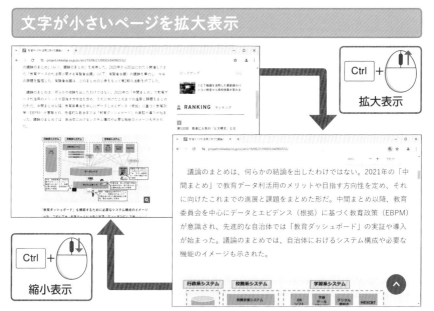

図3 文字や画像のサイズが小さくて見にくいときは、「Ctrl」キーを押しながらマウスのホイールを回すと表示を拡大したり縮小したりして調節できる

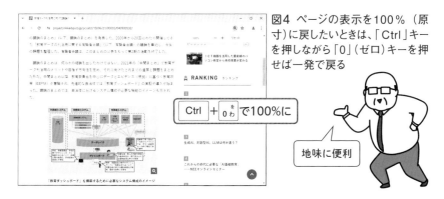

図4 ページの表示を100％(原寸)に戻したいときは、「Ctrl」キーを押しながら「0」(ゼロ)キーを押せば一発で戻る

地味に便利

毎日見るウェブページはブックマークバーに登録

　よく見るウェブページを「ブックマーク」に登録している人は多いと思いますが、そのブックマーク、効果的に活用できているでしょうか？ Chromeの場合、メニューからブックマークを選ぶのは面倒だし非効率です（図5）。本当によく使うブックマークは、「ブックマークバー」に登録して、いつでもすぐに選べるようにしておくのがオススメです。

　ブックマークバーは、アドレスバーのすぐ下に表示できるバーで、「Ctrl」キーと「Shift」キーを押しながら「B」キーを押すことで、表示したり非表示にしたりできます（図6）。「Bookmark」の「B」ですね。ブックマークを登録す

ブックマークをメニューから選ぶのは非効率

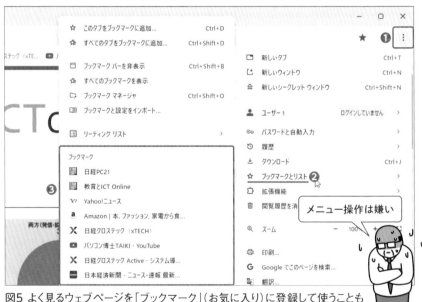

図5 よく見るウェブページを「ブックマーク」（お気に入り）に登録して使うこともできる。ただし、Chromeでは使い方をひと工夫したい。「⋮」ボタンのメニューから「ブックマークとリスト」を選んでいちいち選択するのは面倒だ（❶〜❸）

ブックマークバーを賢く活用しよう

Ctrl + Shift + B

図6 活用したいのは「ブックマークバー」。図5のメニューからも開けるが、「Ctrl」キーと「Shift」キーを押しながら「B」キーを押すことで、表示したり、非表示にしたりできる。よく使うウェブページをここに登録しておくと、ワンクリックで開けて便利だ

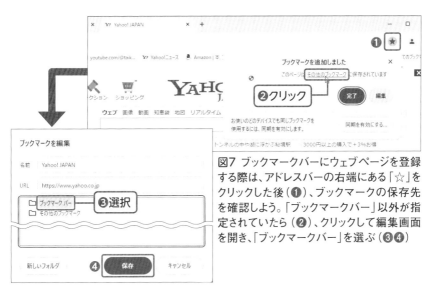

図7 ブックマークバーにウェブページを登録する際は、アドレスバーの右端にある「☆」をクリックした後（❶）、ブックマークの保存先を確認しよう。「ブックマークバー」以外が指定されていたら（❷）、クリックして編集画面を開き、「ブックマークバー」を選ぶ（❸❹）

るときに「ブックマークバー」を選択して保存すれば、ブックマークバーにアイコンとページ名が表示されます（前ページ図7）。

サイドパネルにブックマークの一覧を表示

　ただし、ブックマークバーに表示できるウェブページの数には限りがあるため、最優先のウェブページ以外は、通常のブックマークに保存することになります。それらを活用するときは、画面右側にサイドパネルを表示させると便利です。「：」のメニューから「すべてのブックマークを表示」を選ぶと、サイドパネルにブックマークの一覧を表示して、ワンクリックで選択できるよ

サイドパネルにブックマークを表示する

ワンクリックで
選べるよ

図8 ブックマークバー以外に保存したブックマークは、サイドパネルを表示させると選択しやすくなる。それには右上の「：」をクリックして（❶）、メニューから「ブックマークとリスト」→「すべてのブックマーク」を表示を選ぶ（❷❸）。すると画面に右のサイドパネルにブックマークが一覧表示される（❹）

うになります（**図8**）。

　ただしこのサイドパネル、いちいちメニューを選んで表示させるのは面倒ですよね。そこで、ボタン1つでサイドパネルの表示／非表示を切り替えられるようにしましょう。それには、図8のメニューでサイドパネルを表示させた後、アドレスバーの右側に表示されるブックマークのボタンを右クリックして「固定」を選びます（**図9**）。すると、サイドパネルを閉じてもこのボタンが表示されたままになり、ワンクリックでサイドパネルを再表示させるこ

ブックマークの表示ボタンを固定する

図9　ブックマークのサイドパネルを表示していると、アドレスバーの右側にブックマークの表示ボタンが現れる。これを右クリックして（❶）、表示される「固定」を選ぼう（❷）

固定しておくと便利！

図10　図9の操作をするとブックマークのボタンが常に表示されたままになり、ボタンをクリックするだけでサイドパネルの表示／非表示を切り替えられるようになる

とができます（前ページ**図10**）。

　同様に、「リーディングリスト」のボタンを固定表示させることも可能です。Chromeのリーディングリストは、「後で読みたい」と思ったウェブページを一時的に保存しておくための機能ですが、**図11**、**図12**の手順でボタンを固定表示させておけば、ワンクリックでサイドパネルに表示できるようになります。リストへの追加もサイドパネルで行えます。

リーディングリストのボタンも追加できる

図11 後で読みたいページを保存してリスト化する「リーディングリスト」は、「：」ボタンのメニューから「ブックマークとリスト」→「リーディングリスト」→「リーディングリストを表示」を選ぶと表示できる（❶〜❹）

図12 サイドパネルにリーディングリストが表示されると同時に、アドレスバーの右側にリーディングリストのボタンが現れるので、右クリックして「固定」を選ぼう（❶❷）。これでリーディングリストもボタンで表示／非表示を切り替えられるようになる

パソコン博士TAIKI

Excel 編

01 キー操作でワンタッチ入力 ……… 80

02 連続データはマウスで自動入力 ……… 85

03 「表示形式」の活用で手間激減 ……… 95

04 日付の表示を自在に操る ……… 103

05 表の編集・加工に役立つ基本ワザ ……… 109

06 データ修正が一瞬で終わる感動テク ……… 116

07 大きな表をスマートに操る ……… 126

08 計算の基本を押さえよう ……… 136

09 費目別集計もマウスで全自動 ……… 146

キー操作でワンタッチ入力
日時は自動入力、同じデータは瞬時にコピー

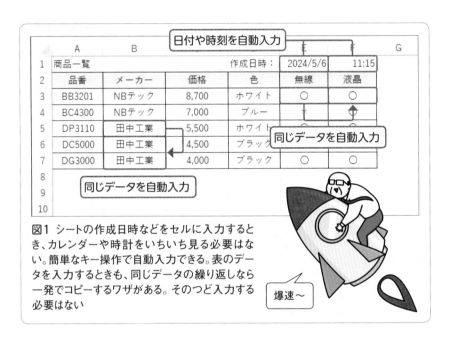

図1 シートの作成日時などをセルに入力するとき、カレンダーや時計をいちいち見る必要はない。簡単なキー操作で自動入力できる。表のデータを入力するときも、同じデータの繰り返しなら一発でコピーするワザがある。そのつど入力する必要はない

　仕事で最もよく使うアプリはExcelではないでしょうか? 表を作成したり、集計をしたり、グラフを作成したり……。請求書や日報などの書類をExcelで作成しているという人も多いと思います。それだけに、Excel操作のツボを押さえて、迷いなくスムーズに使いこなせるようになると、サクサクと仕事がはかどり、残業も減らせるようになります。ここからは、Excelを素早く活用するための必修テクを紹介していきましょう。

　まずはデータ入力のワザからです。表を作成するとき、一番面倒なのはデータの入力ですよね。Excelにはデータを自動入力するキー操作(ショート

「今日の日付」や「現在の時刻」を一発入力

	D	E	F
作成日時：			
	色	無線	液晶
		Ctrl + ;	

	D	E	F
作成日時：	2024/5/6		
	色	無線	液晶
			Ctrl + :

	D	E	F
作成日時：	2024/5/6		
	色	無線	液晶

	D	E	F
作成日時：	2024/5/6	11:15	
	色	無線	液晶

図2 セルを選択して「Ctrl」キーを押しながら「；」（セミコロン）キーを押すと、今日の日付を自動入力できる（左）。「Ctrl」キーを押しながら「：」（コロン）キーを押せば、現在の時刻を自動入力できる（右）

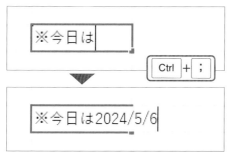

図3 「Ctrl」+「；」キーによる日付の入力は、セル単位でなくてもかまわない。文を入力している途中で「Ctrl」+「；」キーを押すと、その位置に今日の日付を入力でき、さらに文字の入力を続けることもできる。「Ctrl」+「：」キーによる現在時刻の入力も同様だ

カットキー）がいくつもあるので、使わないと損です（**図1**）。

　表の作成日やデータの入力日など、「今日の日付」を入力する機会は多いです。実はこれ、「Ctrl」キーを押しながら「；」（セミコロン）キーを押すだけで自動入力できます（**図2**）。同様に、「Ctrl」キーを押しながら「：」（コロン）キーを押せば、「現在の時刻」を自動入力できます。いちいちカレンダーで「今日は何日?」などと確認したり、時計を見たりする必要はありません。セルに文字を入力している途中でも使えます（**図3**）。時刻の表記には「：」を使いますので、「：」が時刻を入力するキーだと覚えるのが早いです。そして

右縦書き：Excel編 ①① キー操作でワンタッチ入力

81

隣にある「;」が日付を入力するキーだというように、セットで覚えましょう。

　同じようにデータを一発で入力できるショートカットキーとして、次に覚えておきたいのが「Ctrl」+「D」と「Ctrl」+「R」です（図4）。

ショートカットキーで瞬時にコピー

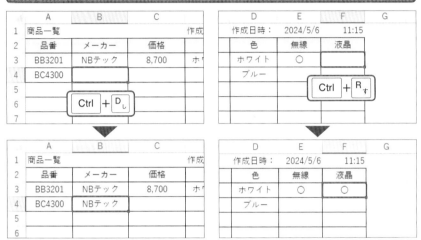

図4 セルを選択して「Ctrl」キーを押しながら「D」キーを押すと、すぐ上にあるセルをコピーできる（左）。また「Ctrl」キーを押しながら「R」キーを押せば、すぐ左にあるセルをコピーできる（右）。下方向にコピーするときは「Down」の「D」、右方向にコピーするときは「Right」の「R」と覚えよう

複数のセルに一気にコピーすることも可能

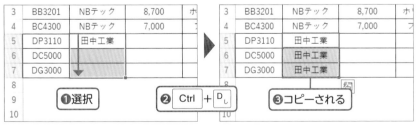

図5 「Ctrl」+「D」キーや「Ctrl」+「R」キーを使って、複数のセルに一気にコピーすることもできる。それには、入力済みのセルと、それをコピーしたい範囲をまとめて選択し（❶）、「Ctrl」+「D」キーなどを押せばよい（❷❸）

表にデータを入力しているとき、すぐ上のセルと同じデータや、すぐ左の
セルと同じデータを続けて入力する場面は結構ありますよね? すぐ上と同
じデータを入力したいときは、「Ctrl」キーを押しながら「D」キーを押すと、瞬
時にデータをコピーできます。すぐ左と同じデータを入れたいときは、「Ctrl」
キーを押しながら「R」キーを押します。下方向にコピーするなら「Down」の
「D」、右方向にコピーするなら「Right」の「R」と覚えてください。

この「Ctrl」+「D」と「Ctrl」+「R」が便利なのは、複数のセルに対しても利
用できる点です。それには、コピーしたいデータが入ったセルを先頭にして、
コピー先のセルを範囲選択します。その状態で「Ctrl」+「D」や「Ctrl」+「R」
を押すと、先頭のデータが選択したセルすべてにコピーされます(図5)。コ
ピー先のセルは離れていてもOKです。「Ctrl」キーを押しながらクリックす
ると、飛び飛びに複数のセルを選択できますが、その状態で「Ctrl」+「D」や
「Ctrl」+「R」を押せば、離れたセルにも一発でコピーできます(図6)。

飛び飛びに選択しても、まとめて一気にコピーできる

D	E	F	G	H
作成日時:	2024/5/6	11:15		
色	無線	液晶		
ホワイト	○	○	❶クリック	
ブルー				
ホワイト			❷ Ctrl +クリック	
ブラック				
ブラック			❸ Ctrl +クリック	

色	無線	液晶
ホワイト	○	○
ブルー		
ホワイト	○	
ブラック		
ブラック	○	

❹ Ctrl + D↵

❺コピーされる

図6 入力済みのセルをクリックし
て選択した後(❶)、それと同じ列に
ある下のセルを「Ctrl」キーを押し
ながらクリックすると、飛び飛びに
複数のセルを同時選択できる(❷
❸)。この状態で「Ctrl」+「D」キー
を押すと、それらのセルに一気にコ
ピーできる(❹❺)

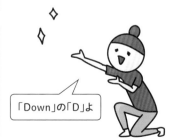

「Down」の「D」よ

複数のセルを同時にコピーすることも可能です。データ入力済みの行や列に隣接した行や列でセルを範囲選択し、「Ctrl」+「D」や「Ctrl」+「R」を押せば、その範囲すべてに「すぐ上」や「すぐ左」のデータをそれぞれコピーできます（**図7**）。行ごと、列ごとコピーすることも可能です（**図8**）。

　なお、「Ctrl」+「D」や「Ctrl」+「R」の操作では、書式を含めてコピーされます。セルの中身が数式の場合は、数式と書式がコピーされます。

複数のセルをまとめてコピーする

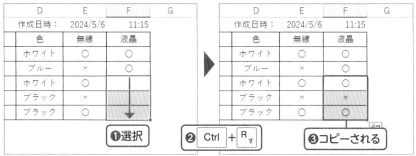

図7 同じデータを入力したいセル範囲を選択し（❶）、「Ctrl」+「R」キーを押すと（❷）、すぐ左側にあるセルがそれぞれコピーされる（❸）

表の拡張にも便利

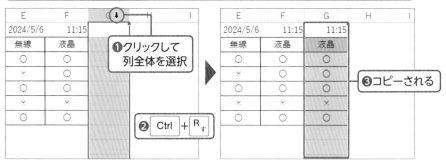

図8 表の右側の列を選択して（❶）、「Ctrl」+「R」キーを押すと（❷）、すぐ左側の列全体をそこにコピーできる（❸）。書式もコピーされるので、表を1列増やしたいといった場合に便利だ。体裁をコピーできた後で、中身だけ書き換えればよい

連続データはマウスで自動入力
1、2、3 … と続く連番を自由自在に操る

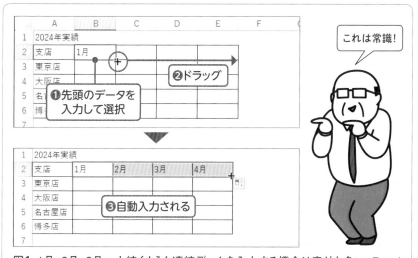

図1 1月、2月、3月 … と続くような連続データを入力する機会は意外と多い。Excel では「1月」とセルに入力した後（❶）、そのセルを選択し、右下隅のハンドルにマウスポインターを合わせてドラッグすることで（❷）、「2月」「3月」… と続くデータを自動入力できる（❸）。「オートフィル」と呼ばれる機能だ

　毎月の売上集計表を作るときなど、「1月」「2月」「3月」… のように連続した月名を入力することがあります。Excelには、こうした連続データを効率良く入力できる「オートフィル」という機能があります。やり方は簡単です。先頭に当たるデータを「1月」などと入力して、そのセルを選択。セルの右下隅にある小さな四角（ハンドル）を、続けて入力したい方向へドラッグするだけです（**図1**）。「第1回」「第2回」「第3回」…、「1Q」「2Q」「3Q」… など、さまざまな連続データを作成できるので、覚えておくと大幅な時短につながります。

一方、「1」「2」「3」…といった番号を表に入力しようとして、「オートフィル機能でできるはず」とマウスで操作し、戸惑ったことはありませんか？　というのも、「1」を入力したセルの右下隅のハンドルをドラッグしても、そのままでは連続データにならないからです（図2）。

実はオートフィル機能は、セルに入っているデータの種類によって動作

数値のセルをドラッグしても、標準では連番にならない

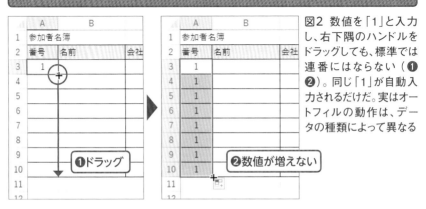

図2　数値を「1」と入力し、右下隅のハンドルをドラッグしても、標準では連番にはならない（❶❷）。同じ「1」が自動入力されるだけだ。実はオートフィルの動作は、データの種類によって異なる

「文字＋数値」の場合だけ連番になる

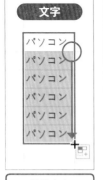
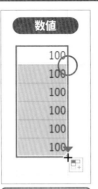
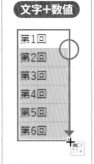

図3　単なる文字の場合、オートフィルの操作は単純なコピーになる。これは数値の場合も同じ。一方、文字と数値が組み合わさったデータの場合は、オートフィルの操作で数値の部分が1ずつ増えることになる

が異なります（**図3**）。「文字」の場合と「数値」の場合は、単純に同じデータをコピーするだけです。「文字＋数値」の場合だけ、数値の部分が1ずつ増える仕組みになっています。

　ただし「数値」の場合でも、連番にする方法はあります（**図4**）。ドラッグした後に右下に表示されるボタン（スマートタグ）をクリックし、「連続データ」

後からコピーか連番かを切り替える

図4　図2のように数値がコピーされたら、右下に表示されるボタンをクリック（❶）。開くメニューから「連続データ」を選ぶと（❷）、数値が連番に切り替わる（❸）

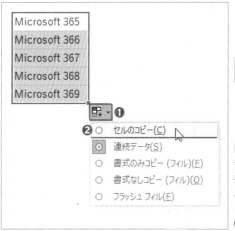

図5　「Microsoft 365」のような文字と数値の組み合わせは、オートフィルの操作で連番になってしまう。連番になると困る場合は、右下のボタンをクリックして「セルのコピー」を選ぶと（❶❷）、単純なコピーに切り替わる（❸）

「Ctrl」キーを押しながらドラッグすると動作が逆になる

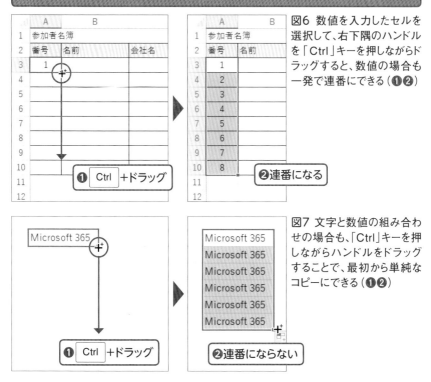

図6 数値を入力したセルを選択して、右下隅のハンドルを「Ctrl」キーを押しながらドラッグすると、数値の場合も一発で連番にできる（❶❷）

図7 文字と数値の組み合わせの場合も、「Ctrl」キーを押しながらハンドルをドラッグすることで、最初から単純なコピーにできる（❶❷）

を選ぶのです。同様に、「文字+数値」のデータが連番になっては困るという場合は、右下のボタンを押して「セルのコピー」を選ぶことで、単純なコピーに直せます（前ページ図5）。

とはいえ、毎回ボタンを押してメニューを選ぶのは面倒です。そこで覚えたいのが、「Ctrl」キーを押しながらドラッグするテクニック。すると「数値」は初めから連続データに、「文字+数値」は初めから単純なコピーになります（図6、図7）。「Ctrl」キーで動作が逆になるわけです。

オートフィルで自動入力できるのは、「1」「2」「3」…といった1から始まる数値だけではありません。先頭に「100」と入れれば「100」「101」「102」…

「100ずつ増える」ように指定することも可能

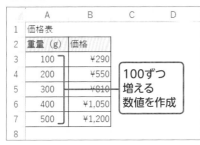

図8　オートフィルの機能を使うと、単純な連番だけでなく、「100」「200」「300」…と100ずつ増える数値を自動入力することもできる

そんなこともできるんだ〜

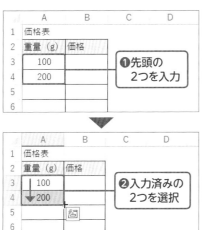

❶先頭の2つを入力

❷入力済みの2つを選択

図9　数値の間隔を空けて自動入力するには、まず先頭の2つの数値を入力（❶）。この2セル分を選択して（❷）、右下隅のハンドルをドラッグする（❸）。すると、先頭の2つの数値の間隔と同じ間隔で、続く数値を自動入力できる

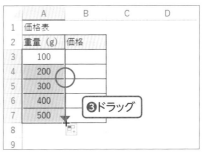

❸ドラッグ

のように入力できます。また、1ずつ増える連番だけでなく、「100」「200」「300」…などと、増える数値の間隔も指定できます（**図8**）。

　それにはいくつか方法がありますが、簡単なのは、先頭の2つのデータを「100」「200」のように手入力し、その2セル分を選択してオートフィルを行う方法です（**図9**）。すると、先頭の2つの数値の間隔を維持するように、Excelが自動で続く数値を計算して入力してくれます。「10」「8」のように入力した2セル分を選択してオートフィルすれば、「6」「4」「2」…のように、2ずつ減る形で数値を自動入力することもできます。

このように、2つのセルを選択してオートフィルするテクニックは、「文字」のデータを連続入力するときにも使えます。例えば、売上実績表に「実績」「前年比」といった小項目をペアにして繰り返し入力するケースがありますよね。このとき、最初に入力した2セルを選択してオートフィルすれば、この2つが交互に繰り返されるように自動入力できます（図10）。同様の繰り返し入力は、3セル分でも4セル分でも可能です。

　便利なオートフィル機能ですが、「100までの連番を自動入力したい」といった場合、マウスのドラッグ操作が難しくなるかもしれません（図11）。入力する行数や列数が増えると、画面をスクロールしながらドラッグしなければならないので、なかなか進まなかったり、勢い余って目当ての数値を通り過ぎてしまったりしますよね。

　そんなときは、「連続データの作成」という機能を使いましょう（図12）。設

文字の場合は繰り返しコピー

図10　文字の場合も、複数のセルを選択してオートフィルすることが可能。入力済みの2セル分を選択して右下隅のハンドルをドラッグすると（❶❷）、その2セルが交互に繰り返される形で連続コピーされる（❸）。3セル分や4セル分の場合も同様に繰り返しコピーが可能だ

定画面で「加算」を選び、「増分値」にいくつずつ増やすか、「停止値」にいくつまで入力するかを指定することで、ぴったり必要な数だけ数値を自動入力できます。

このほかオートフィルには、オリジナルの連続データを登録して、手早く入力できるようにする機能があります。例えば、「月」と入力したセルをオート

何番まで自動入力するかを数値で指定

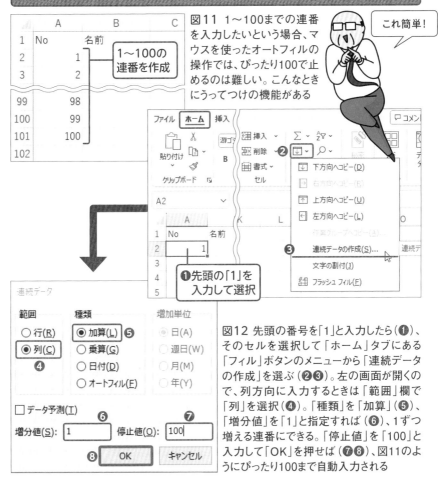

図11 1～100までの連番を入力したいという場合、マウスを使ったオートフィルの操作では、ぴったり100で止めるのは難しい。こんなときにうってつけの機能がある

これ簡単！

❶先頭の「1」を入力して選択

図12 先頭の番号を「1」と入力したら（❶）、そのセルを選択して「ホーム」タブにある「フィル」ボタンのメニューから「連続データの作成」を選ぶ（❷❸）。左の画面が開くので、列方向に入力するときは「範囲」欄で「列」を選択（❹）。「種類」を「加算」（❺）、「増分値」を「1」と指定すれば（❻）、1ずつ増える連番にできる。「停止値」を「100」と入力して「OK」を押せば（❼❽）、図11のようにぴったり100まで自動入力される

決まった文字の繰り返しも自動入力できる

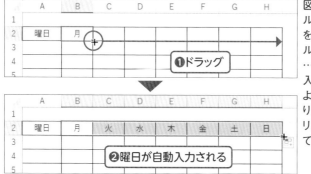

❶ドラッグ

❷曜日が自動入力される

図13「月」と入力したセルの右下隅のハンドルをドラッグしてオートフィルすると、「火」「水」「木」… のように曜日を自動入力できる（❶❷）。このように決まった文字の繰り返しは「ユーザー設定リスト」によって実現されている

「ユーザー設定リスト」の機能で実現

わかりにくい場所ねぇ

図14 ユーザー設定リストの設定画面を開くには、「ファイル」タブをクリックして（❶）、開くメニューの左側にある「オプション」を選ぶ（❷）。「オプション」が見当たらないときは、「その他」の中に「オプション」がある。「Excelのオプション」画面が開いたら、左側で「詳細設定」を選び（❸）、右側の下のほうにある「ユーザー設定リストの編集」ボタンを押す（❹）

フィルすると「火」「水」「木」…と曜日が繰り返されることをご存じでしょうか（**図13**）。予定表の作成などに便利な機能ですが、実はこれ、オートフィルで自動入力できる「ユーザー設定リスト」としてあらかじめ登録されているからできることなのです。

「ユーザー設定リスト」でオリジナルのデータを繰り返し入力

　ユーザー設定リストの確認や編集、登録は、**図14**の手順で開く**図15**の画面で行います。左側に登録済みのユーザー設定リストが表示されていて、「日」「月」「火」…をはじめ「Jan」「Feb」「Mar」…、「子」「丑」「寅」…なども標準で登録されていますね。ここに自分がよく使う連続データを登録しておけ

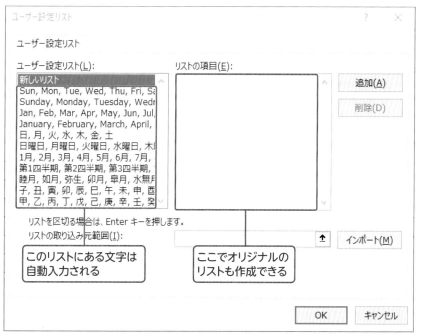

図15「ユーザー設定リスト」の設定画面。左側の欄に、あらかじめ用意されたリストが一覧表示される。曜日だけでなく、「子」「丑」「寅」…などもオートフィルで自動入力できることがわかる。右側の欄にオリジナルのリストを入力して登録することができる

ば、オートフィルで自動入力できるようになり効率的です。

　それには、左側で「新しいリスト」が選択されたまま、右側の「リストの項目」欄に、データを1つずつ改行して入力します（**図16**）。すべて入力したら「追加」を押せば登録完了。その中に含まれるデータを1つ入力してドラッグすれば、続きのデータを自動入力できます（**図17**）。

オリジナルの連続データを登録する

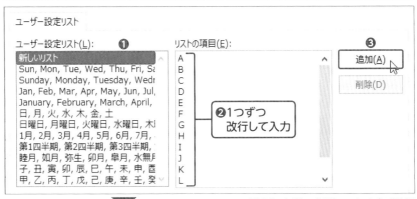

図16 左側で「新しいリスト」が選択された状態で（❶）、右側に自動入力したい文字を1つずつ改行して入力する（❷）。「追加」をクリックし（❸）、左側の欄に追加されたら（❹）、「OK」ボタンを押して画面を閉じる

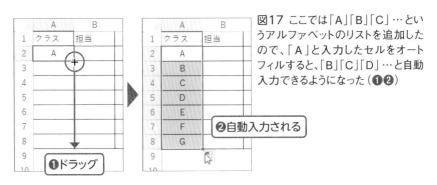

図17 ここでは「A」「B」「C」…というアルファベットのリストを追加したので、「A」と入力したセルをオートフィルすると、「B」「C」「D」…と自動入力できるようになった（❶❷）

94

「表示形式」の活用で手間激減
単位の自動表示で省力化、桁数も自在に

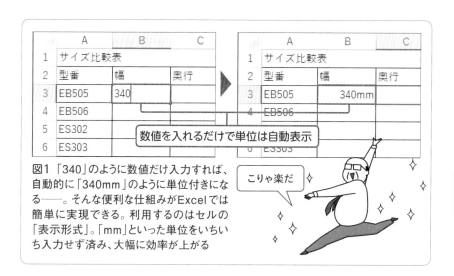

	A	B	C
1	サイズ比較表		
2	型番	幅	奥行
3	EB505	340	
4	EB506		
5	ES302		
6	ES303		

	A	B	C
1	サイズ比較表		
2	型番	幅	奥行
3	EB505	340mm	
4	EB506		

数値を入れるだけで単位は自動表示

こりゃ楽だ

図1 「340」のように数値だけ入力すれば、自動的に「340mm」のように単位付きになる——。そんな便利な仕組みがExcelでは簡単に実現できる。利用するのはセルの「表示形式」。「mm」といった単位をいちいち入力せず済み、大幅に効率が上がる

商品のサイズや重さを表にまとめるときなど、「340mm」のように数値に単位を付けて入力することがあります。このとき、「mm」といった単位を毎回入力するのは、かなり面倒ですよね。そんな手間を削減するために、Excelには「単位を自動表示する」という便利な機能があります。「340」と数値を入れるだけで、「340mm」のように単位付きで表示できるのです。これにはセルの「表示形式」という機能を使います（**図1**）。

設定は、表全体に対してまとめてできるので簡単です。データの入力欄をドラッグして範囲選択したら、「セルの書式設定」画面を開きます。……と聞いて、セルを右クリックして「セルの書式設定」メニューを選ぶ人が多いかもしれません。それでもかまいませんが、時短を目指すなら、「Ctrl」キー

「ユーザー定義」の表示形式で単位を自動表示

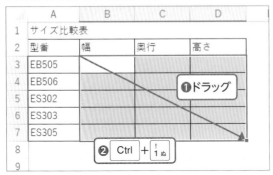

図2 セルの表示を操るには、「セルの書式設定」画面を開く。対象のセル範囲を選択した後（❶）、右クリックメニューから「セルの書式設定」を選んでもよいが、「Ctrl」キーを押しながら「1」キーを押す方法を覚えると速い（❷）

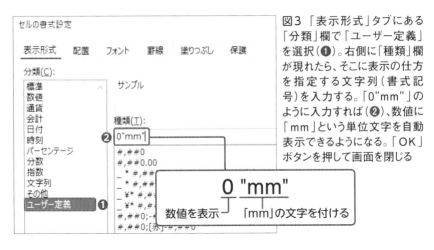

図3 「表示形式」タブにある「分類」欄で「ユーザー定義」を選択（❶）。右側に「種類」欄が現れたら、そこに表示の仕方を指定する文字列（書式記号）を入力する。「0"mm"」のように入力すれば（❷）、数値に「mm」という単位文字を自動表示できるようになる。「OK」ボタンを押して画面を閉じる

を押しながら「1」キーを押しましょう（図2）。セルを選択して「Ctrl」+「1」キーを押せば、瞬時に「セルの書式設定」画面が開きます。

「セルの書式設定」画面が開いたら、「表示形式」タブの左側にある「分類」欄で「ユーザー定義」を選びます（図3）。現れた「種類」欄に「0 "mm"」と入力して「OK」ボタンを押せば設定は完了。数値を入れるだけで、「mm」という単位が自動表示されるようになります。

この「ユーザー定義」というのは、数値の表示方法を独自に設定する機能

「Tab」キーで右へ移動、「Enter」キーで次行へ

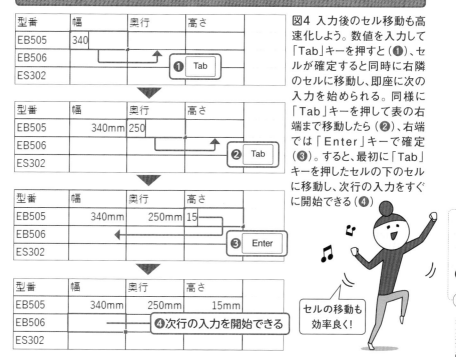

図4 入力後のセル移動も高速化しよう。数値を入力して「Tab」キーを押すと(❶)、セルが確定すると同時に右隣のセルに移動し、即座に次の入力を始められる。同様に「Tab」キーを押して表の右端まで移動したら(❷)、右端では「Enter」キーで確定(❸)。すると、最初に「Tab」キーを押したセルの下のセルに移動し、次行の入力をすぐに開始できる(❹)

セルの移動も効率良く!

です。あらかじめ用意された"書式記号"を「種類」欄に入力することで表示方法を指定します。「0」と入れれば、「ここに数値を表示する」という指定になります。詳細は後述しますが、この場合、数値の桁数は関係ありません。そして単位などを自動表示するには、「"」(半角ダブルクォーテーション)で囲んでその単位記号を指定します。

　単位を自動表示できるようになると、表の入力はグンと楽になりますね。ついでに、よりスピーディーに入力していくためのセル移動のワザを紹介しましょう。入力を確定するときに「Tab」キーを押すのです(**図4**)。すると確定後に右のセルに移動して、続く数値をすぐに入力できます。そして右端まで入力したら、今度は「Enter」キーで確定します。すると最初に「Tab」キー

を押したセルの下に、つまり次行の左端に戻るので、次の行のデータ入力をすぐに始められます。

　「3,500円」などと「円」を自動表示する例も見てみましょう。数値に単位を付けるには、「ユーザー定義」の「種類」欄で「0 "円"」のように半角ダブルクォーテーションで囲んで指定すればよいと説明しました。これに3桁区切

「3桁区切り」などの指定もできる

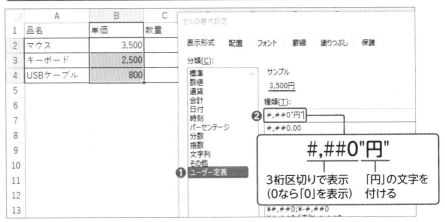

図5 数値に「円」を付けて表示するには、「分類」欄を「ユーザー定義」とし（❶）、右側の「種類」欄に図のような書式記号を入力する（❷）。「#,##0」の部分が「数値を3桁区切りで表示する」という指定、「"円"」の部分が「『円』という文字を表示する」という指定だ

書式記号	意味
#	数値の桁を表す。その桁に数字がない場合は何も表示しない
0	数値の桁を表す。その桁に数字がない場合は「0」を表示する
"	2つで囲んだ文字列を、数値と一緒に表示する
,	3桁区切りのカンマを挿入する。後ろの桁指定（#または0）を省略すると、後ろの3桁分を四捨五入して非表示にする

図6 「ユーザー定義」で数値の表示形式を指定するときに使う書式記号。数値データのまま文字列を追加して表示させるには、「"」でその文字列を囲んで指定すればよい。いずれも半角で入力する

りのカンマを加えるには「#,##0 "円"」のように指定します（**図5**）。「,」（半角カンマ）を指定するときは、その前後の桁を「#」と「0」とで表現するのです。

「#」と「0」の違いは、その桁に数字がないときに「0」を表示するかどうかです（**図6**）。例えば「#,### "円"」のように指定すると、数値が0の場合に「0円」とはならず、「円」しか表示されません。一方「0,000 "円"」のように指定すると、数値が0の場合に「0,000円」と表示されてしまいます。

なお、1000のように下の位に0がある場合は、「#」で指定した桁でも「1,000円」のように0は表示されるのでご安心ください。また、数値が5桁以上になっても、「10,000,000円」のように3桁ずつカンマが挿入されて適切に表示されます。

このように「ユーザー定義」を使って単位を自動表示した場合、そのまま計算ができる点も大きなメリットです（**図7**）。セルに直接「1,000円」などと「円」付きで手入力すると、通常はデータが「文字列」の扱いになり、計算できなくなってしまいます。一方、表示形式で「円」を自動表示させた場合は、セルの中身は「数値」のままなので、変わらず計算ができます。

単位付きにしても計算は可能

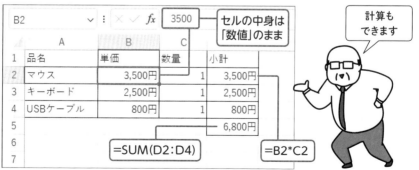

図7 図5の設定により、「3,500円」のように画面には表示されるが、セルを選択して数式バーを見ると、セルの中身は「3500」という「数値」だとわかる。数値なので、数式で参照してそのまま計算できるのも利点だ

もう少し、「ユーザー定義」を使ったテクニックを紹介しましょう。例えば、「1.5」「2.92」「3」のように、小数点以下の桁数がばらばらになった表はすごく見づらいですよね。「1.50」のように手入力しても、標準では「1.5」としか表示されず、末尾の0は消えてしまいます。

　こんなとき、小数点以下の桁数を揃えて見やすくするのにも「ユーザー定義」の表示形式は使えます。「種類」欄に「0.00」と入力し、小数点以下を何桁目まで表示したいか、「0」の数で指定すればよいのです（図8）。

「百万」単位の表示も可能

　また企業の予算管理表などで桁の大きな数値を扱うとき、千単位や百万単位で数値を見せることがあります。その場合は「ユーザー定義」で3桁区切りの指定をした末尾に、「,」だけを付け足します。1つの「,」で千単位、2つ

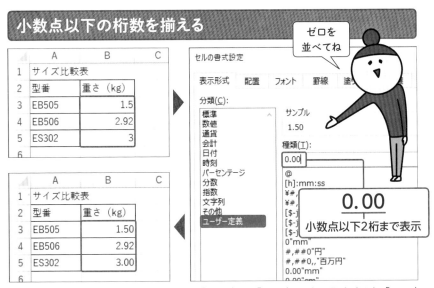

図8「分類」欄で「ユーザー定義」を選び、「種類」欄に「0.00」のように入力すると、「1.50」のように小数点以下2桁まで必ず数値を表示できるようになる。桁に数字がなければ0を表示する

の「,,」で百万単位での表示にすることができます（図9、図10）。ここまで使いこなせれば、達人レベルといえますね。

　「0001」のような番号を入力したいときも、「ユーザー定義」の表示形式

「百万円」と付けて百万単位で表示する

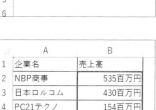

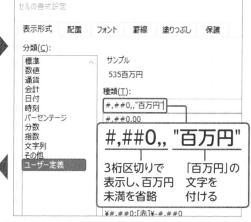

図9　「#,##0」のように指定すると数値を3桁区切りで表示できるが、その末尾に「,」を付けると千単位、「,,」を付けると百万単位の表示になる。「,」の後ろに「#」や「0」を指定しないと、続く3桁を四捨五入して省略するという意味になるからだ。「#,##0,,"百万円"」のように指定すれば、「百万円」という単位も付けて表示できる

「ユーザー定義」の表示形式の設定例

ユーザー定義	「0」の場合	「1590」の場合
#,##0	0	1,590
#,##0"個"	0個	1,590個
#"kg"	kg	1590kg
"@"0	@0	@1590
0.00"m"	0.00m	1590.00m
00000	00000	01590
0,"千円"	0千円	2千円

図10　ユーザー定義の設定例。「#」とだけ指定すると、数値が0のとき何も表示されなくなる。「,」(カンマ)は通常、「#,##0」のように3桁区切りの位置に入れるが、後ろに「0」や「#」を指定しないと、後ろの3桁分を四捨五入して省略する指定になる

は有効です。標準では「0001」と入れても「1」としか表示されませんが、「ユーザー定義」の「種類」欄に「0000」と指定しておけば、数値が4桁に満たない場合も「0」が補われて「0001」のように必ず4桁の表示になります（図11、図12）。

　セルの表示形式は仕組みがわかりにくく、難しいと感じる人もいるでしょう。でも、これを賢く使いこなしてセルの表示を操れるようになれば、無駄な入力を減らして楽をしたり、見栄えのする表示をしてわかりやすい表にしたりと効果は絶大です。ぜひマスターしてください。

「0」が勝手に消える場合も表示形式で対応

図11 「0001」のような0から始まる番号をセルに入力すると、標準では「1」のように0が消えてしまう

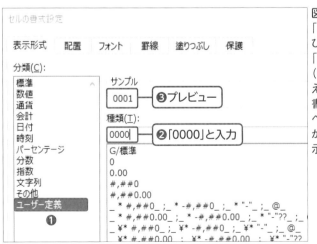

図12 表示形式に「ユーザー定義」を選び（❶）、「種類」欄に「0000」と指定すると（❷）、数値を4桁に揃えて表示できる（❸）。書式記号の「0」を並べると、その桁に数字がないときに「0」が表示されるからだ

日付の表示を自在に操る
曜日の自動表示や和暦への対応も可能

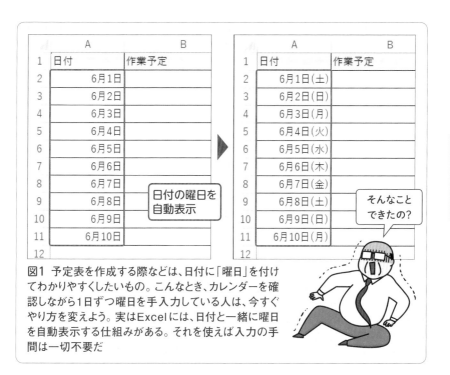

	A	B
1	日付	作業予定
2	6月1日	
3	6月2日	
4	6月3日	
5	6月4日	
6	6月5日	
7	6月6日	
8	6月7日	
9	6月8日	
10	6月9日	
11	6月10日	
12		

日付の曜日を自動表示

	A	B
1	日付	作業予定
2	6月1日(土)	
3	6月2日(日)	
4	6月3日(月)	
5	6月4日(火)	
6	6月5日(水)	
7	6月6日(木)	
8	6月7日(金)	
9	6月8日(土)	
10	6月9日(日)	
11	6月10日(月)	
12		

そんなこと
できたの?

図1 予定表を作成する際などは、日付に「曜日」を付けてわかりやすくしたいもの。こんなとき、カレンダーを確認しながら1日ずつ曜日を手入力している人は、今すぐやり方を変えよう。実はExcelには、日付と一緒に曜日を自動表示する仕組みがある。それを使えば入力の手間は一切不要だ

「表示形式」の設定によって表示を自在に変えられるのは、数値だけではありません。日付についても、「2024/6/1」「2024年6月1日」「令和6年6月1日」など、さまざまな表示設定が可能です。特に便利なのは曜日を自動で表示できること。「6月1日」などと入力された日付を、一発で「6月1日(土)」のように表示させることもできます（図1）。曜日を入力する手間が省けますし、カレンダーを確認する必要もなくなります。

曜日を表示させる方法を解説する前に、セルに入力した日付が、どのようなカラクリで表示されているのかを確認しておきましょう。

例えば「6/1」のようにセルに入力すると、標準では「6月1日」のように表示されます。入力した通りに表示されないので、最初は驚いたのではないでしょうか？ 実はExcelは、「6/1」のような「日付」と解釈できるデータを入力すると、自動で「今年の6月1日」と解釈して「2024/6/1」のような"日付データ"に変換してセルに保存します。そのうえで、標準の表示形式である「6月1日」といった形でセルに表示するのです（図2）。いったん日付データと認識されれば、セルの中身は「2024/6/1」のまま、表示形式の設定によって「2024年6月1日」「2024-6-1」「R6.6.1」などなど、さまざまな見た目で日付を表示できるようになります。

日付が表示されるカラクリを理解する

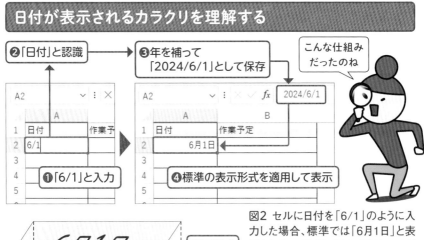

図2 セルに日付を「6/1」のように入力した場合、標準では「6月1日」と表示される。これは、「6/1」をExcelが"日付"と認識したうえで、標準の「表示形式」である「6月1日」という形で表示するからだ（❶～❹）。セルの見た目は表示形式によって自在に変えられるので、年や曜日を表示させたり、和暦で表示させたりもできる

数値のときと同様、表示形式の設定は「セルの書式設定」画面で行います。「分類」欄で「日付」を選ぶと、あらかじめ用意された表示形式の中から選択できますが、この中には「（土）」のように曜日を表示するものはありません。日本語で曜日を表示させるには、「ユーザー定義」を選択して、「種類」欄で**図3**のように指定します。すると、「6/1」と入力するだけで、「6月1日（土）」のように曜日付きで表示できます（次ページ**図4**）。

「ユーザー定義」で曜日を自動表示する

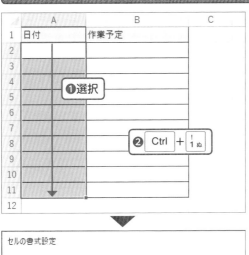

図3 日付のセルを選択して（❶）、「Ctrl」キーを押しながら「1」キーを押すなどし（❷）、「セルの書式設定」画面を開く。「表示形式」タブの「分類」欄で「ユーザー定義」を選び（❸）、「種類」欄に図のような書式記号を入力しよう（❹）。「m」と「d」が月と日を表示させる指定、「aaa」が「曜日を漢字1文字で表示する」という指定だ。数値で単位を表示させるときと同様、「"」（半角ダブルクォーテーション）で囲んだ文字はそのまま表示させられる

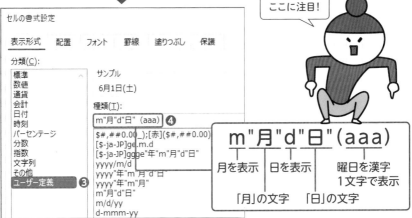

ここに注目！

セルの書式設定

表示形式　配置　フォント　罫線　塗りつぶし　保護

分類(C):
標準
数値
通貨
会計
日付
時刻
パーセンテージ
分数
指数
文字列
その他
ユーザー定義 ❸

サンプル
6月1日(土)

種類(T):
m"月"d"日" (aaa) ❹
$#,##0.00_);[赤]($#,##0.00)
[$-ja-JP]ge.m.d
[$-ja-JP]ggge"年"m"月"d"日"
yyyy/m/d
yyyy"年"m"月"d"日"
yyyy"年"m"月"
m"月"d"日"
m/d/yy
d-mmm-yy

m"月"d"日"（aaa）

月を表示　｜　日を表示　｜　曜日を漢字1文字で表示

「月」の文字　　「日」の文字

「ユーザー定義」の表示形式は、文字通り、ユーザーが自分で表示の仕方を"定義"して決められるものです。その際に使うのが、**図5**の書式記号です。「yyyy」で西暦年（4桁）、「m」で月、などと決まっていて、それらを組み合わせて表示方法を定義します。「aaa」と指定すれば、漢字1文字で曜日を表示できます。数値に単位を付けたときと同様、「年」「月」「日」などの文字は、「"」（半角ダブルクォーテーション）で囲んで指定します。「（」「）」などの半角記号は、そのまま入力すれば自動表示できます。

最小限の入力でわかりやすい日付表示になる

図4 図3のような「ユーザー定義」の表示形式を設定しておくと、「6/1」のように日付を入力するだけで、自動的に曜日付きで日付を表示できる

日付表示を指定するための書式記号

書式記号	役割	表示例
yyyy	西暦年(4桁)	2024
yy	西暦年(2桁)	24
mm	月(2桁)	06
m	月	6
dd	日(2桁)	01
d	日	1
aaaa	曜日(漢字)	土曜日
aaa	曜日(漢字1文字)	土
mmmm	月(英語)	June
mmm	月(英語の省略形)	Jun
dddd	曜日(英語)	Saturday
ddd	曜日(英語の省略形)	Sat

書式記号	役割	表示例
ggg	元号	令和
gg	元号(漢字1文字)	令
g	元号(アルファベット)	R
ee	和暦の年(2桁)	06
e	和暦の年	6

図5 日付の表示を指定する書式記号。アルファベットの「y」で年、「m」で月、「d」で日の表示を指定するが、4桁表示や2桁表示をそれぞれ指定できる。和暦の元号は「g」で、和暦の年は「e」で指定でき、アルファベットの数で表示方法を切り替えられる。「aaaa」や「aaa」で日本語の曜日を表示できるが、「dddd」や「ddd」だと英語になる

この「ユーザー定義」の表示形式を使えば、和暦で表示することも可能です（図6）。「ggg」で元号、「e」で和暦の年を表すので、「ggge"年"」のように指定すれば「令和6年」などと表示できます。「1988年って昭和何年？ 平成だっけ？」などと悩んだり調べたりしなくても、西暦年で入力すればExcelが変換してくれるので便利です。惜しいのは「令和元年」ではなく「令和1年」と表示されることですが、これは我慢しましょう。

　ちなみに、こうした日付表示の仕組みのせいで、困ってしまうケースもあります。例えば「3年2組」を「3-2」のように書くことがありますよね。そのつもりでセルに「3-2」と入力すると、なんと「3月2日」へと変換されてしまうの

和暦で生年月日を表示する

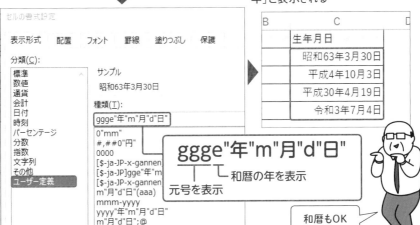

	A	B	C
1	名前	性別	生年月日
2	田中三郎	本人	1988/3/30
3	田中雅美	妻	1992/10/3
4	田中瑛太	長男	2018/4/19
5	田中和歌	長女	2021/7/4
6			

図6 生年月日を和暦で表示するには、左下のように指定する。「ggg」で元号、「e」で和暦の年を表示できる。「gge」と指定すれば「昭63」、「ge」と指定すれば「S63」のように表示できる。「e"年"」とだけ指定しても「63年」と和暦の年になる。なお、「元年」の表示はできず、「1年」と表示される

セルの書式設定

表示形式　配置　フォント　罫線　塗りつぶし　保護

分類(C):
標準
数値
通貨
会計
日付
時刻
パーセンテージ
分数
指数
文字列
その他
ユーザー定義

サンプル
昭和63年3月30日

種類(T):
ggge"年"m"月"d"日"
0"mm"
#,##0"円"
0000
[$-ja-JP-x-gannen
[$-ja-JP]gge"年"m
[$-ja-JP-x-gannen
m"月"d"日"(aaa)
mmm-yyyy
yyyy"年"m"月"d"日"
m"月"d"日";@

B	C	D
	生年月日	
	昭和63年3月30日	
	平成4年10月3日	
	平成30年4月19日	
	令和3年7月4日	

ggge"年"m"月"d"日"

和暦の年を表示

元号を表示

和暦もOK

107

です（**図7**）。実はこれ、ハイフンで区切った数字をExcelが「日付」と認識するためです。海外ではスラッシュではなくハイフンを使って「3-2-2024」などと表記することもあるためです。

　そこで、「3-2」を入力してそのまま表示したいときは、あらかじめ表示形式を「文字列」に設定しておく必要があります（**図8**）。それが面倒なら、先頭に「'」（半角シングルクォーテーション）を入力した後、続けて「3-2」などと入力するテクニックもあります（**図9**）。

「3-2」が「3月2日」になってしまうのを防ぐには？

図7 セルに「3年2組」のつもりで「3-2」と入力すると（左）、確定した途端に「3月2日」という日付に変わってしまう（右）

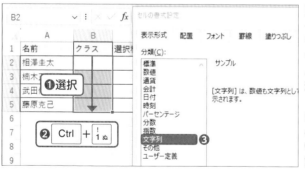

図8 「3-2」のようなハイフンでつないだ数字をそのまま入力・表示させるには、あらかじめセルに「文字列」の表示形式を設定しておく（❶～❸）。入力した後に変更しても、入力済みのデータは変わらないので、必ず入力前に設定しておこう

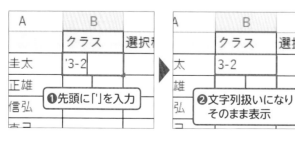

図9 図8の設定をしていなくても、先頭に「'」（半角シングルクォーテーション）を付けて入力すると（❶）、「文字列」の扱いになり、そのまま表示される（❷）

表の編集・加工に役立つ基本ワザ

表の移動やコピー、行や列の入れ替えを手早く

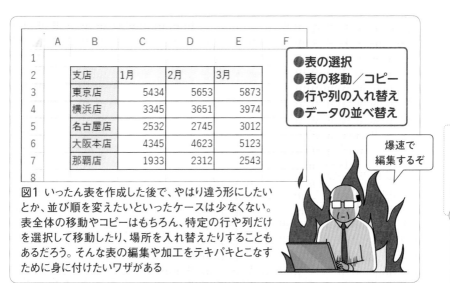

●表の選択
●表の移動／コピー
●行や列の入れ替え
●データの並べ替え

爆速で編集するぞ

図1 いったん表を作成した後で、やはり違う形にしたいとか、並び順を変えたいといったケースは少なくない。表全体の移動やコピーはもちろん、特定の行や列だけを選択して移動したり、場所を入れ替えたりすることもあるだろう。そんな表の編集や加工をテキパキとこなすために身に付けたいワザがある

　次は、表の編集・加工をスムーズにこなすためのテクニックを見ていきます。表を作成した後で、「やっぱり別の場所に移動したい」「項目の順番を間違えた！入れ替えたい」「数値の大きい順に並べて見やすくしたい」などと作り直しが必要になるケースはよくありますね。イチから作り直していたら効率が悪すぎるので、最小の手間で素早く手直しするワザを身に付けましょう（**図1**）。

　まずは表を移動したりコピーしたりするときの基本ワザから。表を移動／コピーする際は、まず表を選択する必要がありますね。多くの人はマウスで斜めにドラッグして選択すると思いますが、もっと簡単な方法があります。

表の中のセルを1つ選択して、「Ctrl」キーを押しながら「A」キーを押せば、表全体を一発で選択できます（**図2**）。38ページでは、「Ctrl」+「A」キーでフォルダー内のファイルをすべて選択しましたが、「Ctrl」+「A」キーで「すべて

表全体の選択は「Ctrl」+「A」キーで一発

支店	1月	2月	3月
東京店	5434	5653	5873
横浜店	3345	3651	3974
名古屋店	2532	2745	3012
大阪本店	4345	4623	5123
那覇店	1933	2312	2543

❶表内のセルのいずれかをクリックして選択

支店	1月	2月	3月
東京店	5434	5653	5873
横浜店	3345	3651	3974
名古屋店	2532	2745	3012
大阪本店	4345	4623	5123
那覇店	1933	2312	2543

❷ Ctrl + A ち

図2 表内のセルを1つ選択した後（❶）、「Ctrl」キーを押しながら「A」キーを押すと（❷）、表全体を自動選択できる。データが連続して入力されている範囲をExcelが自動的に認識し、表全体として選択してくれるのだ。なお、表の形が複雑だったり、途中に空の行や列があったりすると、この操作はうまくいかない

単なるドラッグで移動、「Ctrl」+ドラッグでコピー

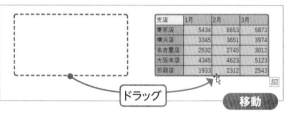

ドラッグ 移動

図3 表全体を選択したら、その外枠部分をマウスでドラッグして動かし、目的の場所でマウスのボタンを離せば表を移動できる

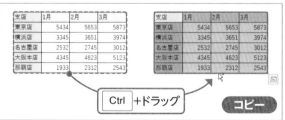

Ctrl +ドラッグ コピー

図4 表全体の選択後、外枠部分を「Ctrl」キーを押しながらドラッグし、目的の場所でマウスのボタンを離すと表をコピーできる。ドラッグした後、マウスのボタンを離す前に「Ctrl」キーを押してもよい

選択」という操作は、さまざまなアプリで共通しています。

　選択できたら、外枠部分をマウスでドラッグすることで、手早く移動できます（**図3**）。このとき、「Ctrl」キーを押しながらドラッグすれば、表をコピーできます（**図4**）。似たような表を複数作るときは、コピーして使い回すほうが楽ですね。

　表の中の一部、例えば行単位や列単位で範囲選択して、移動やコピーを

順番を入れ替えるなら「Shift」+ドラッグ

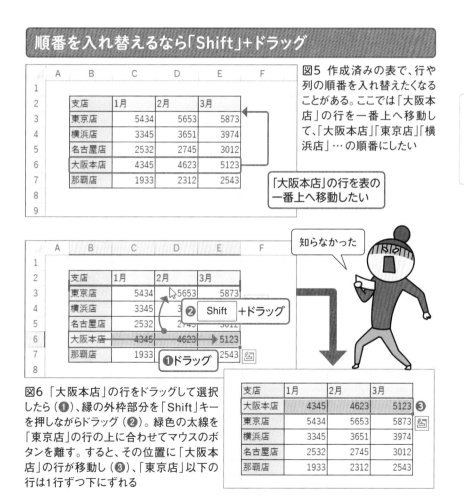

図5 作成済みの表で、行や列の順番を入れ替えたくなることがある。ここでは「大阪本店」の行を一番上へ移動して、「大阪本店」「東京店」「横浜店」…の順番にしたい

「大阪本店」の行を表の一番上へ移動したい

知らなかった

❷ Shift +ドラッグ

❶ドラッグ

図6 「大阪本店」の行をドラッグして選択したら（❶）、緑の外枠部分を「Shift」キーを押しながらドラッグ（❷）。緑色の太線を「東京店」の行の上に合わせてマウスのボタンを離す。すると、その位置に「大阪本店」の行が移動し（❸）、「東京店」以下の行は1行ずつ下にずれる

することも、もちろん可能です。よくある悩みが、「行の順番を入れ替えたい」といったもの（前ページ図5）。その場合は、選択した行の外枠部分を「Shift」キーを押しながらドラッグします（図6）。ドラッグしていると緑色の太線が表示されるので、その太線を移動先に合わせてください。

「表の縦の項目と横の項目を入れ替えたい」という場合も、イチから作り直す必要はありません（図7）。その場合は表をいったんコピーして、「貼り

表の"縦横変換"を一発で実現

支店	1月	2月	3月
大阪本店	4345	4623	5123
東京店	5434	5653	5873
横浜店	3345	3651	3974
名古屋店	2532	2745	3012
那覇店	1933	2312	2543

支店	大阪本店	東京店	横浜店	名古屋店	那覇店
1月	4345	5434	3345	2532	1933
2月	4623	5653	3651	2745	2312
3月	5123	5873	3974	3012	2543

図7 縦に支店名、横に月名が並んだ左のような表を、横に支店名、縦に月名が並んだ右のような表に作り直したい。こんなときも、初めから作り直す必要はない

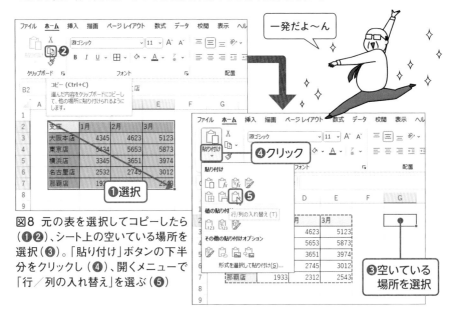

図8 元の表を選択してコピーしたら（❶❷）、シート上の空いている場所を選択（❸）。「貼り付け」ボタンの下半分をクリックし（❹）、開くメニューで「行／列の入れ替え」を選ぶ（❺）

112

付け」ボタンのメニューから「行／列の入れ替え」を選んで貼り付けるだけ
で、縦横が入れ替わった表を作成することができます（図8）。

「数値の大きい順に表を並べ替えたい」という場合、「並べ替え」機能を
使えばよいことは皆さんご存じでしょう。その際は、並べ替えの基準にした
い列の見出し（上端にある項目名）をクリックして選択したうえで、「並べ替
えとフィルター」メニューから「降順」を選ぶのがコツです（図9）。「降順」が

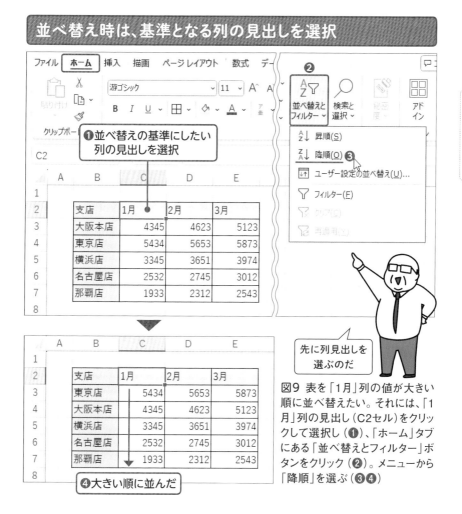

並べ替え時は、基準となる列の見出しを選択

❶並べ替えの基準にしたい
列の見出しを選択

❷

A↓ 昇順(S)

Z↓ 降順(O) ❸

ユーザー設定の並べ替え(U)...

フィルター(F)

C2

	A	B	C	D	E
1					
2	支店	1月	2月	3月	
3	大阪本店	4345	4623	5123	
4	東京店	5434	5653	5873	
5	横浜店	3345	3651	3974	
6	名古屋店	2532	2745	3012	
7	那覇店	1933	2312	2543	
8					

	A	B	C	D	E
1					
2	支店	1月	2月	3月	
3	東京店	5434	5653	5873	
4	大阪本店	4345	4623	5123	
5	横浜店	3345	3651	3974	
6	名古屋店	2532	2745	3012	
7	那覇店	1933	2312	2543	
8					

❹大きい順に並んだ

先に列見出しを
選ぶのだ

図9 表を「1月」列の値が大きい
順に並べ替えたい。それには、「1
月」列の見出し（C2セル）をクリッ
クして選択し（❶）、「ホーム」タブ
にある「並べ替えとフィルター」ボ
タンをクリック（❷）。メニューから
「降順」を選ぶ（❸❹）

「大きい順」、「昇順」が「小さい順」の意味ですね。アルファベット順や五十音順にしたいときは、「昇順」を選びます。

　一方、「1月→2月→3月の順番に列が並んだ表を、3月→2月→1月のように、逆順に並べ替えたい」というケースもあるでしょう（図10）。実はExcelには、そのように列を順番に並べ替える機能もあります。

　それには、「並べ替えとフィルター」のメニューから「ユーザー設定の並べ替え」を選びます（図11）。すると設定画面が開くので、さらに「オプション」

列単位での並べ替えもできる

図10　左から「1月」「2月」「3月」のように並んだ表（左）を、左から「3月」「2月」「1月」と並ぶように作り替えたい（右）。こんなときも、1列ずつ移動を繰り返すなど手作業で加工する必要はない

図11　表を列単位で並べ替えるには、表内のセルを1つ選択した状態で（❶）、「並べ替えとフィルター」ボタンのメニューから「ユーザー設定の並べ替え」を選ぶ（❷❸）

を選びます（**図12**）。「並べ替えオプション」画面が開いたら、「列単位」を選択して「OK」を押しましょう。すると、設定画面が「列単位」で並べ替える仕様に変わるので、「最優先されるキー」欄で、何行目を基準にするかを選択します。この「行2」「行3」…というのは、表の何行目かではなく、シート全体の何行目か、つまり行番号を意味しているので注意してください。「順序」の欄で「降順」を選べば、左から「3月」「2月」「1月」と大きい順になるように表を並べ替えられます。

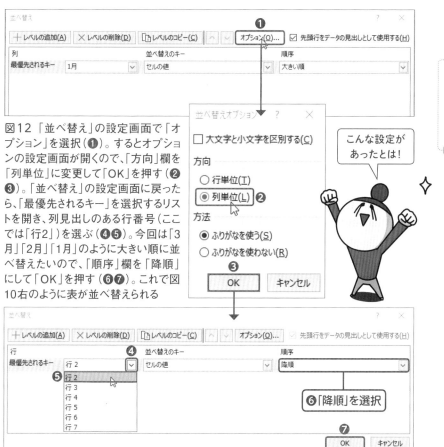

図12 「並べ替え」の設定画面で「オプション」を選択（❶）。するとオプションの設定画面が開くので、「方向」欄を「列単位」に変更して「OK」を押す（❷❸）。「並べ替え」の設定画面に戻ったら、「最優先されるキー」を選択するリストを開き、列見出しのある行番号（ここでは「行2」）を選ぶ（❹❺）。今回は「3月」「2月」「1月」のように大きい順に並べ替えたいので、「順序」欄を「降順」にして「OK」を押す（❻❼）。これで図10右のように表が並べ替えられる

こんな設定があったとは！

Excel編

05

表の編集・加工に役立つ基本ワザ

115

データ修正が一瞬で終わる感動テク
1日仕事が1分で終わる実用機能をマスター

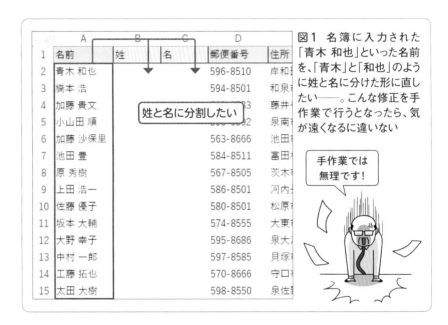

図1 名簿に入力された「青木 和也」といった名前を、「青木」と「和也」のように姓と名に分けた形に直したい──。こんな修正を手作業で行うとなったら、気が遠くなるに違いない

続いて、手作業ではとても大変な、入力済みデータの修正・変更作業を劇的に効率化するテクニックを紹介していきます。例えば、「名前」列に「青木 和也」のように姓名を入力済みの名簿があります。この名前を「姓」列と「名」列の2列に分割してほしいと頼まれたら、どうしますか？ 1つずつ手作業で入力し直していたら、日が暮れてしまうでしょう（**図1**）。

ところが、この作業を1分もかけずに終わらせる方法があります。手順は驚くほど簡単。「姓」の列なら、1行目のセルに「青木」と入力し、「Ctrl」キーを押しながら「E」キーを押すだけです（**図2**）。たったこの2手順で、何百人分、

「Ctrl」+「E」キーで一括処理するフラッシュフィル

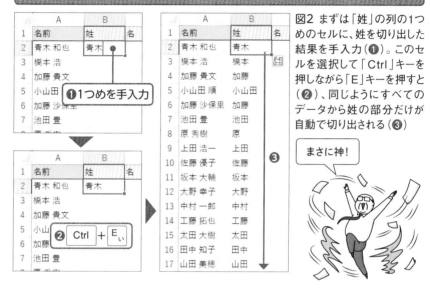

図2 まずは「姓」の列の1つめのセルに、姓を切り出した結果を手入力（❶）。このセルを選択して「Ctrl」キーを押しながら「E」キーを押すと（❷）、同じようにすべてのデータから姓の部分だけが自動で切り出される（❸）

まさに神！

何千人分であっても、一瞬で切り出すことができます。

　この魔法のような機能は「フラッシュフィル」と呼ばれます。元の「青木 和也」というデータと、手入力した「青木」というデータを基に、Excelが「姓の部分だけを切り出したいんだな」と推測して、2行目以降も同様の処理を自動実行してくれるという、素晴らしい機能です。

　「名」についても、1行目のセルに「和也」と入力して「Ctrl」+「E」キーを押せば、残りの各行に名の部分だけが切り出されます（次ページ図3）。ポイントは、元のデータの姓と名の間が、スペース（空白）で区切られていることです。これにより、Excelが「スペースより前の部分」と「スペースより後の部分」を切り出せばよいのだと判断できます。

　逆にいえば、「青木和也」のようにスペースで区切られていないデータの場合、Excelはどこまでが姓でどこからが名なのかを判別できません。つまり、フラッシュフィルで自動処理するためには、元のデータに一定の規則性

Excel編 06 データ修正が一瞬で終わる感動テク

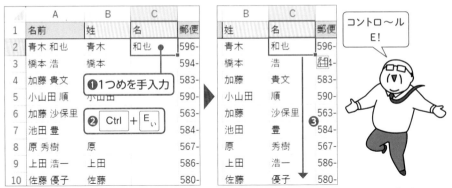

図3 「名」の列も同様。「和也」と1つめのセルに手入力（❶）。「Ctrl」キーを押しながら「E」キーを押せば（❷）、名の部分だけが一気に切り出される（❸）

フラッシュフィルはメニューからも選べる

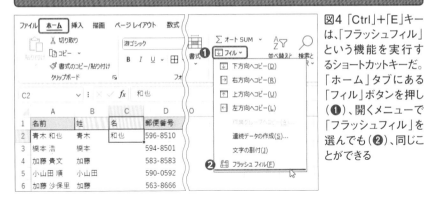

図4 「Ctrl」+「E」キーは、「フラッシュフィル」という機能を実行するショートカットキーだ。「ホーム」タブにある「フィル」ボタンを押し（❶）、開くメニューで「フラッシュフィル」を選んでも（❷）、同じことができる

があることが前提となります。

　なお、フラッシュフィルはメニューからも実行できます（図4）。「Ctrl」+「E」キーで実行するのが最速ですが、どのキーを使えばよいのか忘れてしまったら、「フィル」ボタンのメニューから選択してください。

　データに規則性さえあれば、フラッシュフィルではさまざまな分割操作が可能です（図5〜図7）。メールアドレスの「@」記号の前後を分割したり、電話番号を「-」（ハイフン）を境に3列に分割したり、生年月日から誕生月だけ

いろいろなデータを分割できる

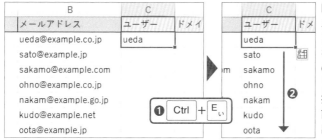

図5 この例では、メールアドレスの「@」記号の前だけを切り出した。1つめのセルに手入力して「Ctrl」+「E」キーを押すと（❶）、「@」の前の文字だけを切り出せる（❷）

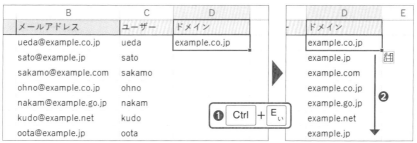

図6 同様に「@」記号の後ろの文字を切り出そう。1つめのセルに手入力して「Ctrl」+「E」キーを押すと（❶）、すべてのデータを一括処理できる（❷）

日付データでも切り出せる

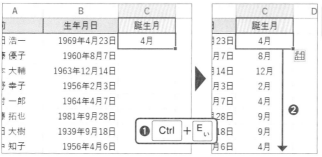

コントロ〜ル E!

図7 日付から「月」の部分だけを切り出すといった操作も可能だ。「1969年4月23日」のように入力された「生年月日」列があるとき、その隣の列の先頭に「4月」と手入力して「Ctrl」+「E」キーを押すと（❶）、すべてのデータから月を切り出して表示できる（❷）

文字と文字の結合もできる

図8 B列とC列のユーザー名とドメイン名を結合してメールアドレスを作成したい。1つめのセルに、B列とC列の文字を「@」記号でつないで手入力（❶）。このセルを選択して「Ctrl」+「E」キーを押すと（❷）、同じようにすべてのデータが結合される（❸）

を表示させたりすることもできます。

　さらに、文字の結合もできます。やり方は一緒です。まず1行目のセルに、例として結合後のデータを手入力します。そして「Ctrl」+「E」キーを押すと、Excelが「B列とC列を『@』記号でつなげればいいんだな」といった規則性を読み取り、2行目以下を自動処理してくれます（図8）。

文字種の変換には関数を使う

　一方、「フリガナ欄に全角文字と半角文字が混在しているので、全角カタカナに統一したい」といった悩みをよく耳にします。電話番号や住所の番地の数字に全角と半角が混在するケースもありますね。残念ながら、この修正作業はフラッシュフィルにはできません。そこで関数を使います。

　関数といっても、この操作に使う関数はとても簡単です。例えば文字を全角に変換したければ、「=JIS（B2）」のようにJIS（ジス）関数の式を立てます（図9）。かっこ内に、対象のセルを指定するだけです。1行目に式を入れ、

文字の半角⇔全角変換は関数で

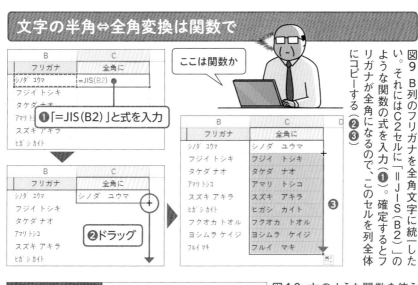

❶「=JIS(B2)」と式を入力

ここは関数か

❷ドラッグ

図9 B列のフリガナを全角文字に統一したい。それにはC2セルに「＝JIS（B2）」のような関数の式を入力（❶）。確定するとフリガナが全角になるので、このセルを列全体にコピーする（❷❸）

ASC（アスキー）	半角文字に変換する
JIS（ジス）	全角文字に変換する
UPPER（アッパー）	大文字に変換する
LOWER（ローワー）	小文字に変換する
PROPER（プロパー）	先頭だけ大文字、残りは小文字にする

図10 左のような関数を使うと、文字の種類を一発で変換できる。半角にするには「ASC」、大文字にするには「UPPER」を使えばよい。式の立て方は図9と同じ。かっこ内に対象にするセルを指定するだけだ

Excel編 06 データ修正が一瞬で終わる感動テク

Excel編 ⑥ データ修正が一瞬で終わる感動テク

変換後のデータの扱いに注意

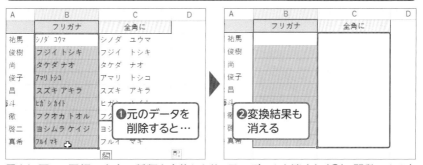

❶元のデータを削除すると…

❷変換結果も消える

図11 図9の要領で文字の種類を変換した後、元のデータを消すと（❶）、関数による変換結果も消えてしまうので注意しよう（❷）。関数はあくまで、元のデータを参照して処理しているにすぎないからだ

121

関数の処理結果で、元のデータを上書きする

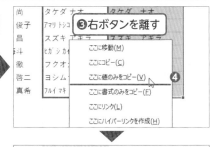

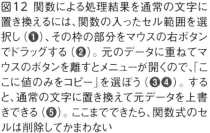

図12 関数による処理結果を通常の文字に
置き換えるには、関数の入ったセル範囲を選
択し（❶）、その枠の部分をマウスの右ボタン
でドラッグする（❷）。元のデータに重ねてマ
ウスのボタンを離すとメニューが開くので、「こ
こに値のみをコピー」を選ぼう（❸❹）。する
と、通常の文字に置き換えて元データを上書
きできる（❺）。ここまでできたら、関数式のセ
ルは削除してかまわない

表の一番下までコピーすれば、すべてのデータを一気に処理できます。同
様にASC（アスキー）関数を使えば半角文字に、UPPER（アッパー）関数を
使えば大文字に変換できます（前ページ図10）。

　なお、関数式で文字を変換した場合、後処理に注意が必要です。変換の
結果は、あくまで数式が表示しているものなので、数式が参照している元
のデータを消すと一緒に消えてしまいます（図11）。従って、変換後の文字
を利用するためには、式の結果を「値」としてコピーして、元のデータを上書
きする必要があります（図12）。

　Excelではセルの中でも「Alt」+「Enter」キーで改行できますが、無駄に
セル内で改行されたデータが問題になる場面もあります（図13）。そのよう
なセル内改行を削除して、1行目と2行目を別の列に分割するにはどうすれ

余計な「セル内改行」を消して、一発で分割処理

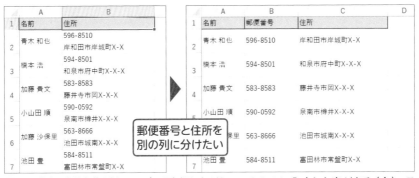

図13 郵便番号と住所をセル内で改行しながら1つのセルに入力した表がある（左）。このような表は扱いに苦労するので非効率。郵便番号と住所が別の列に分かれるように修正すべきだ（右）

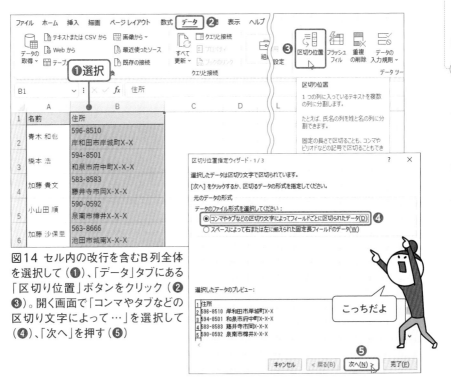

図14 セル内の改行を含むB列全体を選択して（❶）、「データ」タブにある「区切り位置」ボタンをクリック（❷❸）。開く画面で「コンマやタブなどの区切り文字によって …」を選択して（❹）、「次へ」を押す（❺）

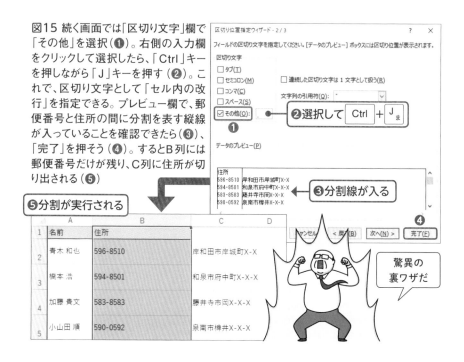

図15 続く画面では「区切り文字」欄で「その他」を選択（❶）。右側の入力欄をクリックして選択したら、「Ctrl」キーを押しながら「J」キーを押す（❷）。これで、区切り文字として「セル内の改行」を指定できる。プレビュー欄で、郵便番号と住所の間に分割を表す縦線が入っていることを確認できたら（❸）、「完了」を押そう（❹）。するとB列には郵便番号だけが残り、C列に住所が切り出される（❺）

❺分割が実行される

❸分割線が入る

驚異の裏ワザだ

ばよいでしょうか？

　こんなときに役立つ、知る人ぞ知る裏ワザがあります。利用するのは、特定の区切り文字を境にデータを分割できる「区切り位置」機能（前ページ図14）。ウィザードの1つめの画面で「コンマやタブなどの区切り文字によって…」を選択し、次の画面の「区切り文字」欄で「その他」を選択します。そして区切り文字の入力欄で、「Ctrl」キーを押しながら「J」キーを押すのです（図15）。実は、「Ctrl」+「J」キーを押すと、目には見えない「セル内改行」を指定することができます。これにより、セル内改行の前と後でセルを分割することができます。

　最後に、名簿などにある重複データを一発で削除できる便利機能を紹介します（図16）。重複データを目で見て探すのは至難の業ですが、「データ」タブにある「重複の削除」ボタンを押せば、どの列が一致する場合に重複

重複データを自動で削除する

図16 名簿に同じ人が二重に登録されていることがある。こうした「重複データ」を探し出して削除するのは面倒だが、Excelには自動で重複を判定し、一発で削除する機能がある

こちらは同姓同名

	A	B	C	D	E	F
1	名前	都道府県	住所	年齢		
2	松田健一	神奈川県	横浜市中区本牧町X-XX	85		
3	吉田紀夫	東京都	町田市成瀬X-XX	71		
4	山田次郎	千葉県	柏市柏X-XX	34		
5	坂本栄輔	神奈川県	小田原市栄町X-XX	28		
6	中村英	東京都	大田区大森北X-XX	77		
7	工藤拓也	千葉県	浦安市舞浜X-XX	40		
8	山田次郎	千葉県	柏市柏X-XX	34		
9	加藤沙保里	東京都	大田区大森中X-XX	38		
10	池田豊	東京都	北区赤羽X-XX			
11	上田浩一	東京都	調布市調布ヶ丘X-XX			
12	中村英	埼玉県	川口市飯塚X-X-X			
13	河野真由美	埼玉県	川越市旭町X-XX	22		
14	福田章一	東京都	昭島市朝日町X-XX	43		
15	高橋進	千葉県	浦安市舞浜X-XX	64		

重複データを削除したい

図17 重複データを削除したい表の中のセルを1つ選び(❶)、「データ」タブの「データツール」グループにある「重複の削除」ボタンをクリックする(❷❸)

❶表内のセルを選択
❷
❸クリック

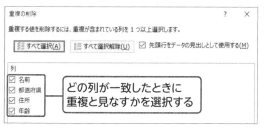

図18 重複をチェックする列を指定する画面が開く。「名前」だけでチェックすると、同姓同名の人を重複データとして削除してしまうので、「住所」など複数の項目をチェックしたほうが安全だ。「OK」ボタンを押すと削除が実行される

どの列が一致したときに重複と見なすかを選択する

データと見なすかを指定して、重複データの一方を自動で削除できます(**図17**)。名前だけが重複するデータは同姓同名の可能性があるので、名前と住所など、複数の項目が一致した場合に削除するようにすれば、誤って削除することは避けられるでしょう(**図18**)。

大きな表をスマートに操る
画面に収まらないデータをワンタッチで選択

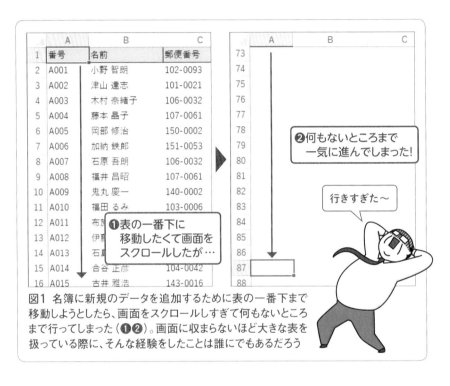

図1 名簿に新規のデータを追加するために表の一番下まで
移動しようとしたら、画面をスクロールしすぎて何もないところ
まで行ってしまった（❶❷）。画面に収まらないほど大きな表を
扱っている際に、そんな経験をしたことは誰にでもあるだろう

　パソコンの画面に収まらないような大きな表を扱うとき、無駄な操作をし
ていませんか？ 例えば、名簿に新たなデータを追加するために一番下まで
画面をスクロールしようとして、バーッと行きすぎてしまった経験は誰にでも
あるでしょう（図1）。

　そこで覚えておきたいのが、表の端まで一発で移動するテクニックで
す。表の中のセルを選択しているとき、「Ctrl」キーを押しながら「↓」キーを

「Ctrl」+「↓」キーで一番下までジャンプ

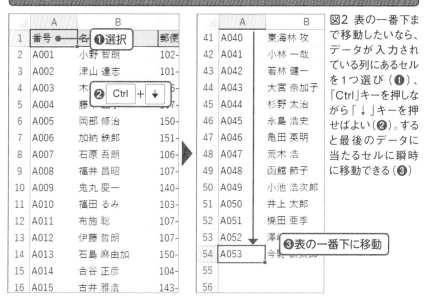

図2 表の一番下まで移動したいなら、データが入力されている列にあるセルを1つ選び（❶）、「Ctrl」キーを押しながら「↓」キーを押せばよい（❷）。すると最後のデータに当たるセルに瞬時に移動できる（❸）

押すと、表の一番下まで一気に移動して、ぴったり止まることができます（図2）。このキー操作を使えば、スクロールの面倒もありませんし、行きすぎることもありません。

　同様に、表の右端に移動したければ「Ctrl」+「→」、左端なら「Ctrl」+「←」、上端なら「Ctrl」+「↑」というように、「Ctrl」キーと上下左右の矢印キーを使って、表の上下左右の端まで一発で移動できます（次ページ図3）。大きな表を扱うときには、マウスではなく、これらのキー操作をうまく使うと効率が爆上がりです。

　ただし、注意点があります。先ほど「表の端まで」といいましたが、厳密には「データが連続している範囲の端まで」しか、「Ctrl」+矢印キーでは移動できません。そのため、表の途中に空欄のセルがあると、表の途中で止まってしまいます。とはいえ、この仕組みを理解していれば、「未入力のセルを

「Ctrl」キーと矢印キーを組み合わせて瞬間移動

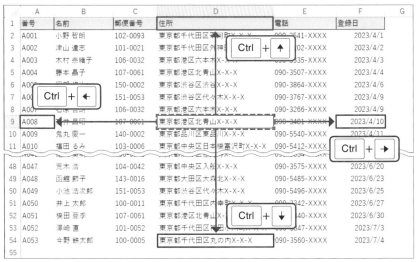

図3 表内のセルを1つ選択しているとき、「Ctrl」キーを押しながら上下左右の矢印キーを押すと、それぞれ上下左右の端まで一発でジャンプできる。表の端が画面の外にあるときは、自動的にその位置まで画面がスクロールされる。簡単・確実に、セルを移動できる

未入力のセルを探すのにも使える

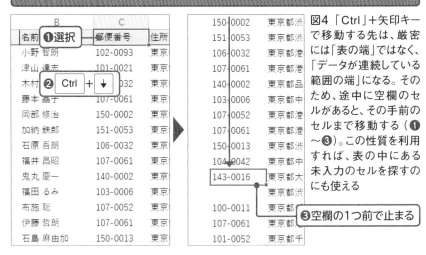

図4 「Ctrl」+矢印キーで移動する先は、厳密には「表の端」ではなく、「データが連続している範囲の端」になる。そのため、途中に空欄のセルがあると、その手前のセルまで移動する（❶〜❸）。この性質を利用すれば、表の中にある未入力のセルを探すのにも使える

❸空欄の1つ前で止まる

探したい」なんてときにもこのキー操作を応用できます。列の上端で「Ctrl」+「↓」キーを押せば、空欄のセルまで一発で移動できますね（**図4**）。これを繰り返せば、次々と空欄セルを見つけられるでしょう。

　「Ctrl」+矢印キーの応用ワザとして、「Shift」キーを加えた範囲選択のテクニックもあります。例えば、表の中にある特定の行を選択したいときは、左端のセルを選択した後、「Ctrl」キーと「Shift」キーを押しながら「→」キーを押します（**図5**）。すると、表の右端まで移動しながら、その間にあるセル範囲をそっくり選択できるのです。行全体に色を塗ったり、行全体をコピーしたりする際に活用できますね。「Ctrl」+矢印キーで「表の端まで移動」、「Ctrl」+「Shift」+矢印キーで「表の端まで移動しながら選択」と覚えておいてください。

　ちなみに、図5のように行全体を選択した後、その選択範囲を上下に拡

図5 表の中で「Ctrl」+矢印キーを押すと表の端まで移動できるが、これに「Shift」キーも加えると、表の端まで範囲選択することができる（❶〜❸）。表の行全体や列全体をコピーするときなどに便利だ

大することも可能です。「Shift」キーを押しながら上下の矢印キーを押せば1行ずつ範囲を拡大できるのですが、ここで「Ctrl」+「Shift」+「↑」キーを押せば、その行から表の上端まで一気に範囲を拡大できます（図6）。「↓」キーなら表の下端まで拡大できますね。表を部分的に選択してコピーするときなど、知っているとめちゃくちゃ便利です。

　このように、Excelは表の"端"を自動で判別できるわけですが、この仕組みはセルをコピーするときにも役立ちます。

　例えば、名簿の「名前」列の右側に「フリガナ」列を追加して、「PHONETIC（フォネティック）」関数の式を入力するシーンを考えてみてください。PHONETICは、「=PHONETIC（B2）」のように漢字のセルをかっこ内に指定するだけで、その漢字のフリガナを自動表示できる関数です（図7）。

選択範囲をさらに拡大する

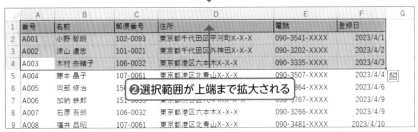

図6 図5の要領で行全体を範囲選択した後、続けて「Ctrl」キーと「Shift」キーを押しながら「↑」キーを押せば、選択していた行から上の範囲すべてを一発で選択できる（❶❷）。「↑」キーではなく「↓」キーを使えば、表の下端までをすべて範囲選択できる

このPHONETIC関数自体、すごく便利なものですが、ここで紹介したいのは、その式を名簿全体にコピーする方法です。実は、式の入ったセルを選択して右下隅のハンドルをダブルクリックすると、Excelが表の一番下を自動判別し、一気にコピーしてくれます（**図8**）。

85ページで紹介したオートフィルの操作だと、マウスでドラッグする際に画面をスクロールしながら進まなければなりません。これは結構難しい操作です。一方、セルの右下隅をダブルクリックする方法なら、表が何行目ま

Excel 編
⑦
大きな表をスマートに操る

表の一番下まで、数式を一発コピー

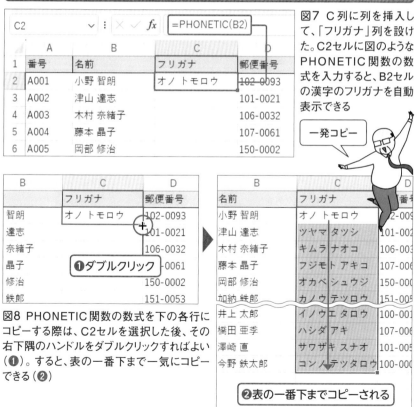

図7 C列に列を挿入して、「フリガナ」列を設けた。C2セルに図のようなPHONETIC 関数の数式を入力すると、B2セルの漢字のフリガナを自動表示できる

一発コピー

❶ダブルクリック

図8 PHONETIC関数の数式を下の各行にコピーする際は、C2セルを選択した後、その右下隅のハンドルをダブルクリックすればよい（❶）。すると、表の一番下まで一気にコピーできる（❷）

❷表の一番下までコピーされる

で続いているのかも気にせずに、一番下までぴったりコピーできます。隣の列にデータが入力されていれば、そのデータの下端と同じ位置まで、ダブルクリックでオートフィルできるということです。これを知っているのと知らないのとでは、作業効率に大きな差が生じますね。

　大きな表を見やすく表示させる設定も覚えておきましょう。画面に収まらないような大きな表の場合、画面をスクロールすると上端にある項目名（列見出し）が隠れてしまい、どの列が何のデータかわからなくなることがありま

先頭行の列見出しを固定表示する

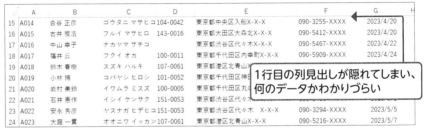

図9 表が大きくなると、下のほうのデータを参照するために画面をスクロールしたとき、1行目の見出しが見えなくなり、各列が何のデータかわかりづらくなる

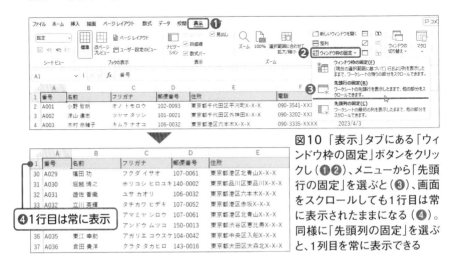

図10 「表示」タブにある「ウィンドウ枠の固定」ボタンをクリックし（❶❷）、メニューから「先頭行の固定」を選ぶと（❸）、画面をスクロールしても1行目は常に表示されたままになる（❹）。同様に「先頭列の固定」を選ぶと、1列目を常に表示できる

す（**図9**）。そんなときは、「ウィンドウ枠の固定」のメニューから「先頭行の固定」を選び、スクロールしても常に表示されるようにするのがオススメです（**図10**）。左端の項目名を固定表示させたいときは、「先頭列の固定」を選びます。

1行目や1列目だけでなく、必要な行数、列数を固定表示させることも可能です。それには、固定したい行の下、固定したい列の右に当たるセルを選択して「ウィンドウ枠の固定」を設定します（**図11**）。

指定した位置より上の行と左の列を固定

Excel編 ⑦ 大きな表をスマートに操る

図11　1行目にある列見出しと、2列目にある「名前」列までは、常に表示させたままにしたいという場合は、C2セルを選択して（①）、「ウィンドウ枠の固定」ボタンのメニューから「ウィンドウ枠の固定」を選ぶ（②③）。すると、スクロールしても1行目と2列目までは固定されたままになる（④）

そのほか、複数のシートに分けて表を作成しているときに「別々のシートにある表を同時に見たい」と思うこともありますよね？ シートの切り替えを繰り返して行ったり来たりするのはとても非効率です（**図12**）。

　その場合は、「表示」タブにある「新しいウィンドウを開く」ボタンを押してみてください（**図13**）。すると、もう1つExcelのウィンドウが開いて、同じファイルを2つのウィンドウに分けて同時に表示させることができます。それぞれのウィンドウに別のシートを表示させれば、2つのシートを見比べながら

複数のシートを同時に表示させる

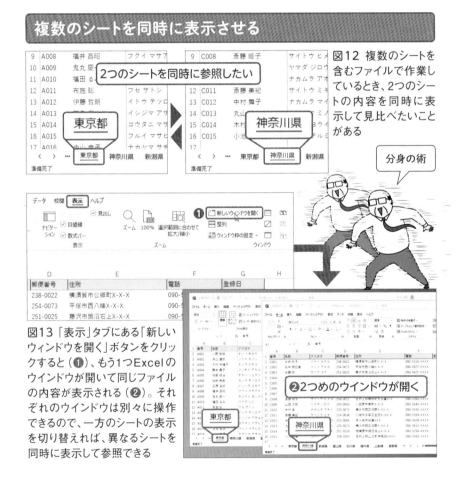

図12　複数のシートを含むファイルで作業しているとき、2つのシートの内容を同時に表示して見比べたいことがある

図13　「表示」タブにある「新しいウィンドウを開く」ボタンをクリックすると（❶）、もう1つExcelのウインドウが開いて同じファイルの内容が表示される（❷）。それぞれのウインドウは別々に操作できるので、一方のシートの表示を切り替えれば、異なるシートを同時に表示して参照できる

快適に作業できます。

　ちなみに、たくさんのシートを作成していると、シートの切り替え操作ももたつきがちです（**図14**）。シート見出しが画面から隠れてしまうと、表示させるのもひと苦労ですよね。そんなときは、シート見出しの左側にある「＜」「＞」のボタンを右クリックしてください（**図15**）。するとシートの一覧画面が開いて、目当てのシートをすぐに選択できます。これ、意外と知られていないので、覚えておくといいでしょう。

シートの一覧を表示して、一発で切り替え

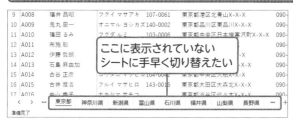

図14 ファイルにシートがたくさんあると、必要なシートに切り替えるのも大変。左端にある「＜」ボタンや「＞」ボタンを何度もクリックして目当てのシートが出てくるのを待つのは効率が悪い

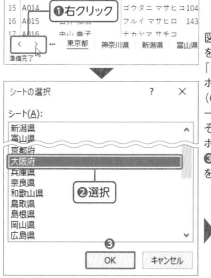

図15 目当てのシートを一発で表示するには、「＜」ボタンまたは「＞」ボタンを右クリックする（❶）。するとシート名の一覧画面が開くので、そこから選んで「OK」ボタンを押せば（❷ ❸）、即座にそのシートを表示できる（❹）

Excel編

⑦

大きな表をスマートに操る

計算の基本を押さえよう
関数が苦手でも大丈夫!

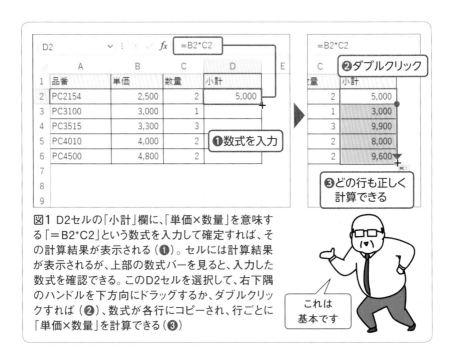

図1 D2セルの「小計」欄に、「単価×数量」を意味する「＝B2*C2」という数式を入力して確定すれば、その計算結果が表示される（❶）。セルには計算結果が表示されるが、上部の数式バーを見ると、入力した数式を確認できる。このD2セルを選択して、右下隅のハンドルを下方向にドラッグするか、ダブルクリックすれば（❷）、数式が各行にコピーされ、行ごとに「単価×数量」を計算できる（❸）

Excelといえば、やはり計算ですよね。セルに数式を入れることで数値を自動計算できることが、Excelの最大の利点です。数式を適切に使いこなすことも時短には欠かせません。ここで基本を確認しておきましょう。

数式を活用するうえでまず理解しておきたいのは、セルの"参照"の仕組みです。例えば、「＝B2*C2」という式は「B2セルとC2セルを掛ける」という計算をします。そして、この式を下の行にコピーすると、それぞれの行で「B列の数値とC列の数値を掛ける」という計算になります（**図1**）。数式を表

数式をコピーすると、参照先も自動でずれる

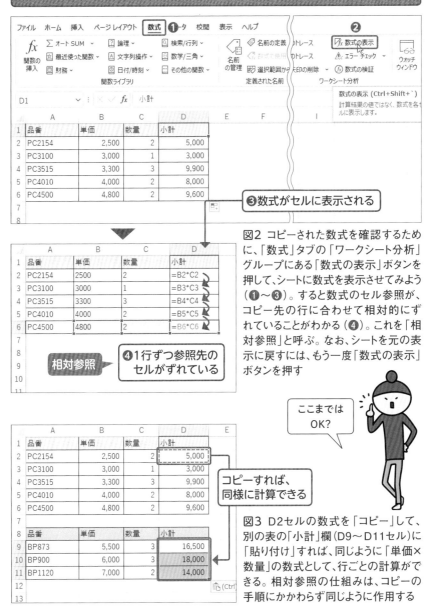

❸数式がセルに表示される

相対参照

❹1行ずつ参照先の
セルがずれている

図2 コピーされた数式を確認するために、「数式」タブの「ワークシート分析」グループにある「数式の表示」ボタンを押して、シートに数式を表示させてみよう（❶〜❸）。すると数式のセル参照が、コピー先の行に合わせて相対的にずれていることがわかる（❹）。これを「相対参照」と呼ぶ。なお、シートを元の表示に戻すには、もう一度「数式の表示」ボタンを押す

ここまでは
OK?

コピーすれば、
同様に計算できる

図3 D2セルの数式を「コピー」して、別の表の「小計」欄（D9〜D11セル）に「貼り付け」すれば、同じように「単価×数量」の数式として、行ごとの計算ができる。相対参照の仕組みは、コピーの手順にかかわらず同じように作用する

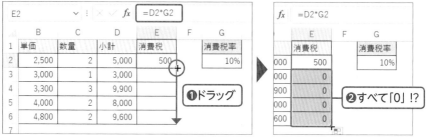

図4 D列の「小計」に、G2セルの「消費税率」を掛けた「消費税」をE列に求めたい。E2セルに図のような掛け算の数式を入れ、E6セルまでコピーすると（❶）、ほかはすべて「0」になってしまった（❷）。なぜだろう

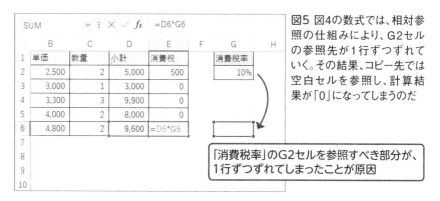

図5 図4の数式では、相対参照の仕組みにより、G2セルの参照先が1行ずつずれていく。その結果、コピー先では空白セルを参照し、計算結果が「0」になってしまうのだ

示させるとわかりますが、式をコピーすると、セルを参照する「B2」や「C2」の部分が自動的にずれていき、各行や各列に即した式に変わるのです（前ページ図2）。これを「相対参照」といいます。式をコピーするだけで同様の計算ができる便利な仕組みです（図3）。

一方、式をコピーしたときに、参照先のセルがずれては困る場合もあります。1つの決まったセルを、どの式からも参照しなければならないケースです（図4、図5）。そのときは、ずれてほしくないセルに「$」記号を付けて式に指定します（図6）。これを「絶対参照」といいます（図7）。「F4」キーを押すと

「絶対参照」で指定すると、コピー先でも同じセルを参照できる

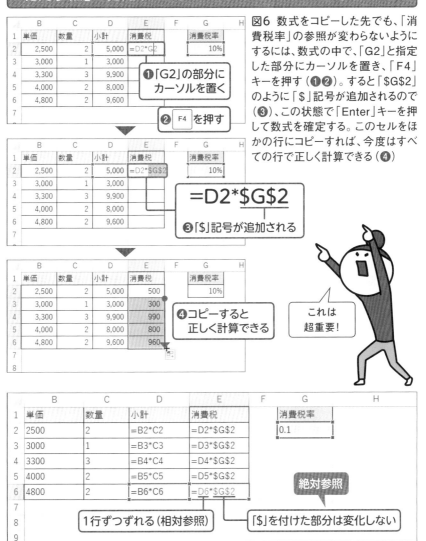

図6 数式をコピーした先でも、「消費税率」の参照が変わらないようにするには、数式の中で、「G2」と指定した部分にカーソルを置き、「F4」キーを押す（❶❷）。すると「G2」のように「$」記号が追加されるので（❸）、この状態で「Enter」キーを押して数式を確定する。このセルをほかの行にコピーすれば、今度はすべての行で正しく計算できる（❹）

❶「G2」の部分にカーソルを置く

❷ F4 を押す

=D2*G2

❸「$」記号が追加される

❹コピーすると正しく計算できる

これは超重要！

絶対参照

1行ずつずれる（相対参照）

「$」を付けた部分は変化しない

図7 「数式」タブの「数式の表示」ボタンを押して数式を表示させてみると、「G2」の部分は固定されたまま、数式がコピーされていることがわかる。このように「$」記号を付けて参照先を固定する参照形式を「絶対参照」と呼ぶ。この「$」記号は、図6のように「F4」キーで挿入しても、キーボードから手入力してもよい

「$」を自動挿入できることも、覚えておくと便利です。

　Excelでは、足し算や引き算、掛け算や割り算といった四則演算以外も可能です。例えば、数値の入ったセル範囲を指定して、それらの数値を一発

「オートSUM」ボタンで合計を求める

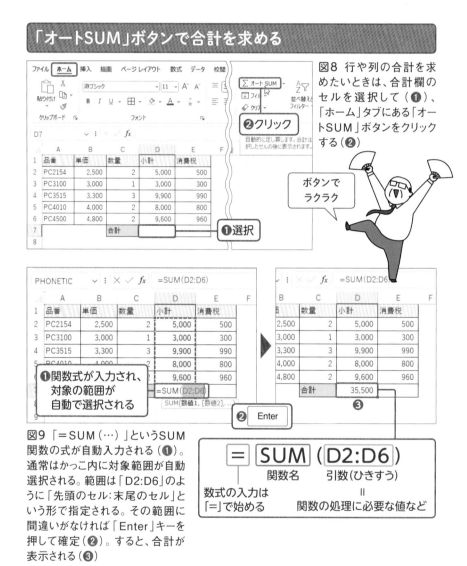

図8 行や列の合計を求めたいときは、合計欄のセルを選択して（❶）、「ホーム」タブにある「オートSUM」ボタンをクリックする（❷）

❶選択

❷クリック

ボタンでラクラク

❶関数式が入力され、対象の範囲が自動で選択される

❷ Enter

❸

図9 「＝SUM（…）」というSUM関数の式が自動入力される（❶）。通常はかっこ内に対象範囲が自動選択される。範囲は「D2:D6」のように「先頭のセル:末尾のセル」という形で指定される。その範囲に間違いがなければ「Enter」キーを押して確定（❷）。すると、合計が表示される（❸）

＝ SUM （D2:D6）

数式の入力は「＝」で始める

関数名　引数（ひきすう）
＝
関数の処理に必要な値など

で合計することができます。セルを1つひとつ指定して足し算をする必要は
ありません。このような自動計算や一括処理を実現するのが、「関数」と呼
ばれるものです。

　関数と聞くと、「何だか難しそう…」と思うかもしれませんが、そんなことは
ありません。基本的な関数を使った計算は、難しいことを考えずに誰でも
使えるようになっています。

　その1つが「オートSUM」ボタンです。表の一番下や右端などに設けた
合計欄を選択し、「オートSUM」ボタンを押してみてください。すると「SUM
（サム）」という関数を使った式が自動入力され、「Enter」キーを押すだけで
合計を表示できます（**図8**、**図9**）。関数の式では、かっこ内に計算対象のセ
ルや処理に必要な値などを指定しますが、SUM関数では、合計したい範
囲を指定するだけです。隣の列でも同じように合計を求めたければ、式を
コピーするだけでOK（**図10**）。相対参照や絶対参照の仕組みは、関数の式
でも変わりません。

関数の式でも参照の仕組みは同じ

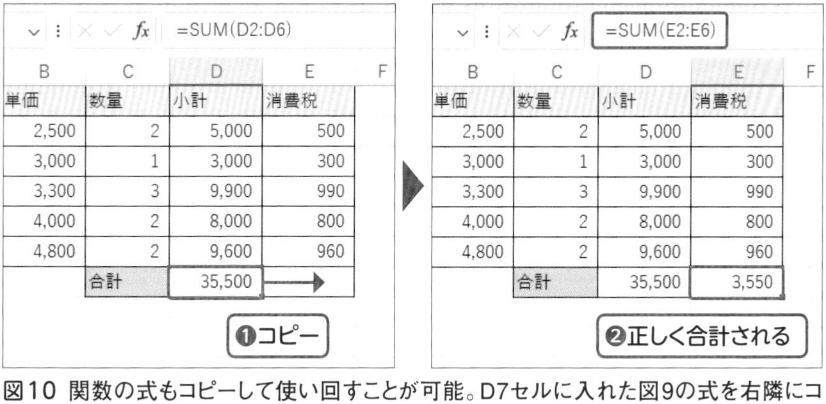

図10 関数の式もコピーして使い回すことが可能。D7セルに入れた図9の式を右隣にコ
ピーすれば（❶）、合計範囲を指定する引数「D2:D6」の部分が「E2:E6」に変化して、E
列の合計が正しく求められる（❷）

平均値、最大値、最小値も「オートSUM」で求められる

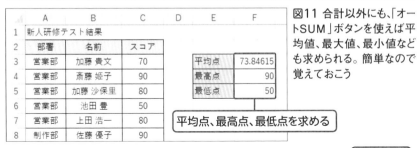

図11 合計以外にも、「オートSUM」ボタンを使えば平均値、最大値、最小値なども求められる。簡単なので覚えておこう

平均点、最高点、最低点を求める

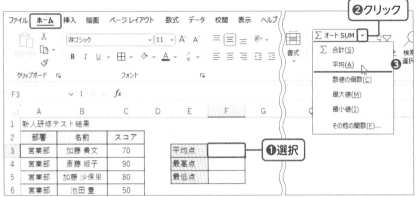

図12 平均値を求めるには、セルを選択して（❶）、「ホーム」タブにある「オートSUM」ボタンの右側の「∨」をクリックする（❷）。するとメニューが開くので、「平均」を選ぶ（❸）

図13 「＝AVERAGE（…）」という関数式が入力される（❶）。対象範囲も自動選択される場合があるが、間違っているときは正しい範囲をドラッグして選択し直そう（❷）。「Enter」キーで確定すれば（❸）、図11のように平均値が表示される

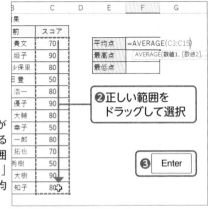

「オートSUM」ボタンでは、平均を求めたり、最大値や最小値を求めたりすることもできます（**図11**）。ボタンの右側の「∨」をクリックするとメニューが開き、どのような計算をしたいのか選べます（**図12**）。「平均」を選ぶと「AVERAGE（アベレージ）」という関数の式が入力され、範囲を指定するだけで平均が求められます（**図13**）。最大値は「MAX（マックス）」、最小値は「MIN（ミン）」という関数で、同様に求められます（**図14**）。まったく難しくはありませんよね。

ところで、「オートSUM」ボタンでできるような計算は、数式を入れるまで

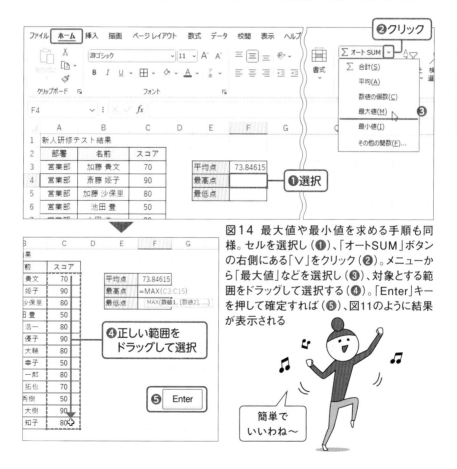

図14 最大値や最小値を求める手順も同様。セルを選択し（❶）、「オートSUM」ボタンの右側にある「∨」をクリック（❷）。メニューから「最大値」などを選択し（❸）、対象とする範囲をドラッグして選択する（❹）。「Enter」キーを押して確定すれば（❺）、図11のように結果が表示される

もなく、範囲を選択するだけでできてしまうことをご存じでしょうか? 数値の入ったセルを範囲選択すると、ウインドウの下端にある「ステータスバー」と呼ばれる部分に、「平均:73.846…」「データの個数:13」などと計算の結果が表示されます（**図15**）。

　もし表示されない場合は、ステータスバーを右クリックしてみてください。

範囲を選択するだけでも計算できる

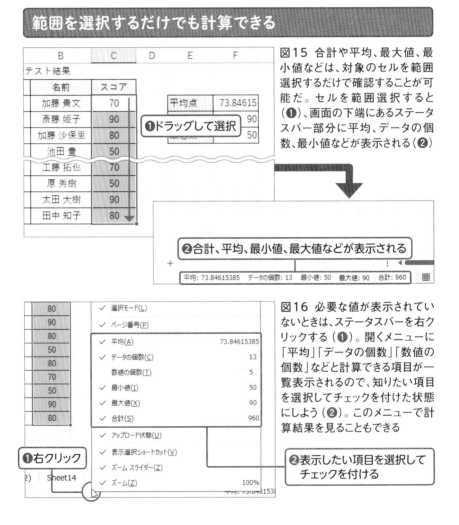

図15 合計や平均、最大値、最小値などは、対象のセルを範囲選択するだけで確認することが可能だ。セルを範囲選択すると（❶）、画面の下端にあるステータスバー部分に平均、データの個数、最小値などが表示される（❷）

図16 必要な値が表示されていないときは、ステータスバーを右クリックする（❶）。開くメニューに「平均」「データの個数」「数値の個数」などと計算できる項目が一覧表示されるので、知りたい項目を選択してチェックを付けた状態にしよう（❷）。このメニューで計算結果を見ることもできる

開くメニューに「平均」「データの個数」などと項目があり、ここにチェックが付いていないと、これらの計算結果は表示されません（**図16**）。チェックが付いていない項目は、メニューから選択することで表示する設定に変えられます。数式を入れて計算するほどではないが、ちょっと合計や平均を見ておきたいといった場合に、このステータスバーは超便利です（**図17**）。

　最新版のExcelでは、ステータスバーに表示された計算結果をクリックしてコピーし、セルなどに貼り付けることもできます（**図18**）。

ちょこっと確認したいときに超便利

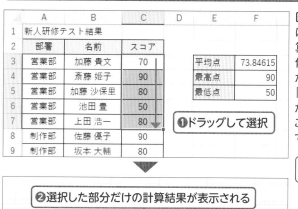

❶ドラッグして選択

❷選択した部分だけの計算結果が表示される

平均: 74　　データの個数: 5　　最小値: 50　　最大値: 90　　合計: 370

図17 ステータスバーでは選択した範囲だけが計算対象になるので、表全体ではなく、一部の範囲だけ計算することも可能。「営業部だけの平均を見たい」といった場合は、そこだけ選択すればよいので便利だ（❶❷）

一瞬で集計！

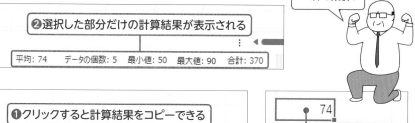

❶クリックすると計算結果をコピーできる

選択したセル範囲の平均 (クリップボードにコピー)

平均: 74　　データの個数: 5　　数値の個数: 5　　最小値:

74

📋 (Ctrl) ▾

❷セルなどに貼り付けて利用できる

図18 Microsoft 365などに付属する最新版のExcelなら、ステータスバーに表示された計算結果を、クリックすることでコピーできる（❶）。計算結果をセルに貼り付けたり（❷）、Word文書に貼り付けて利用したりできる

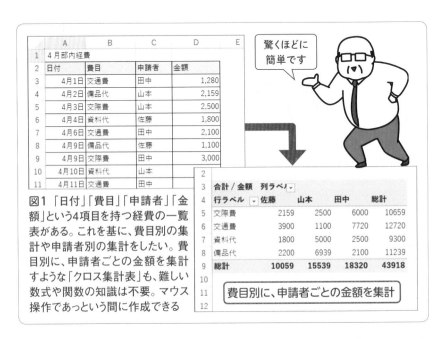

図1 「日付」「費目」「申請者」「金額」という4項目を持つ経費の一覧表がある。これを基に、費目別の集計や申請者別の集計をしたい。費目別に、申請者ごとの金額を集計するような「クロス集計表」も、難しい数式や関数の知識は不要。マウス操作であっという間に作成できる

Excelで、商品別の売り上げを集計したり、費目別に経費を集計したりする機会は多いでしょう。**図1**は、「日付」「費目」「申請者」「金額」という4つの項目を1行に1件ずつ入力した一覧表を基に、費目別、かつ申請者ごとの集計を行った例です。2つの項目を掛け合わせて集計した、いわゆる「クロス集計表」ですね。Excelではこのような集計表を、マウス操作だけで簡単に作成できます。難しい数式や関数の知識は一切必要ありません。

利用するのは「ピボットテーブル」という機能です。図1左のような表の場合、「挿入」タブにある「おすすめピボットテーブル」ボタンを使うと、費目別

わずか数クリックで費目別の集計表が出来上がる

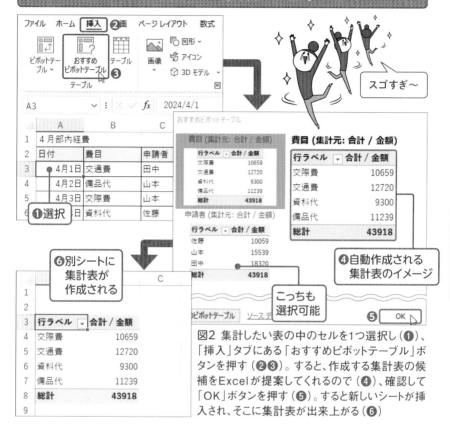

図2 集計したい表の中のセルを1つ選択し（❶）、「挿入」タブにある「おすすめピボットテーブル」ボタンを押す（❷❸）。すると、作成する集計表の候補をExcelが提案してくれるので（❹）、確認して「OK」ボタンを押す（❺）。すると新しいシートが挿入され、そこに集計表が出来上がる（❻）

の集計表を、わずか数クリックで自動作成できます（図2）。「おすすめピボットテーブル」の画面で候補を選び直せば、申請者別の集計表を作成することもできます。本当に、びっくりするくらい簡単です。

　「おすすめピボットテーブル」を使えば、ほとんど何もすることなく、集計表を自動作成できます。ただ、Excelが常に思い通りの集計表を作成してくれるわけではありません。そこで、ピボットテーブルを手動で設定する方法も覚えておくと、応用力がアップします。

ピボットテーブルを手動で設定するには、「挿入」タブにある「ピボットテーブル」ボタンの上半分をクリックします（**図3**）。すると、表の範囲と、ピボットテーブルの作成場所を指定する画面が開きます。自動選択された表の範

手動でピボットテーブルを作成する

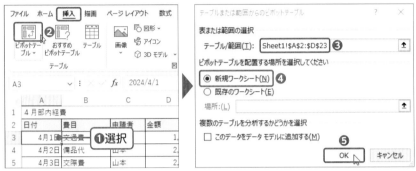

図3 表内のセルを1つ選択し（❶）、「挿入」タブにある「ピボットテーブル」ボタンのアイコン部分をクリックする（❷）。表の範囲が自動選択されるので確認し（❸）、「新規ワークシート」が選ばれた状態で（❹）、「OK」ボタンを押す（❺）

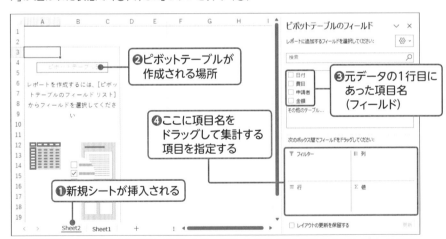

図4 新規シートが挿入され（❶）、ピボットテーブルの作成場所が用意される（❷）。右側に「ピボットテーブルのフィールド」という設定画面が表示され、元表の1行目にあった項目名（フィールド）が一覧表示される（❸）。これを、右下のボックスにドラッグすることで、集計する項目を指定する（❹）

囲が適切であることを確認できたら、「新規ワークシート」が選ばれた状態で
「OK」ボタンを押しましょう。新しいシートにピボットテーブルの作成場所が
用意され、右側には「ピボットテーブルのフィールド」という設定画面が開き
ます（図4）。

集計表の体裁をイメージして、項目名をドラッグする

　この設定画面の上部には、元の表の1行目にあった項目名が一覧表示さ
れます。これらの項目名を、ドラッグ操作で下部の「行」「列」「値」というボッ
クスに配置していくのが、ピボットテーブルの基本です。作りたい集計表の
形をイメージして、表の左端に並べたい項目を「行」のボックスへ、表の上
端に並べたい項目を「列」のボックスへドラッグします。金額などの集計し
たい数値の項目は、「値」のボックスにドラッグします。

　実際にやってみましょう。まず、費目別に金額を集計したいときは、「行」

ドラッグ操作で集計する項目を決める

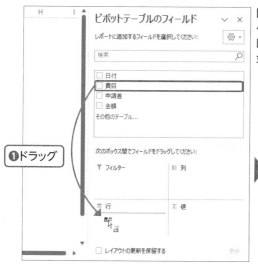

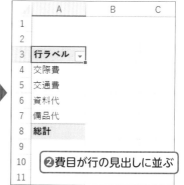

図5 「費目」の項目を「行」のボックス
へドラッグして登録すると（❶）、ピボッ
トテーブルの行見出しに費目の名前が
並ぶ（❷）

❶ドラッグ

❷費目が行の見出しに並ぶ

149

のボックスに「費目」の項目をドラッグします（前ページ図5）。すると、表の左端に行見出しとして「費目」の項目が並びます。続いて、「金額」の項目を「値」のボックスにドラッグしてみましょう。これだけで、費目ごとに金額が合計され、費目別の集計表が出来上がります（図6）。あっという間ですね。

　ピボットテーブルの便利なところは、一度作成した集計表を、別の切り口で集計し直すことも簡単にできる点です。費目別の集計をやめて、申請者別の集計表に作り直したければ、右側の設定画面で「行」のボックスから「費目」の項目を削除します（図7）。代わりに、「申請者」の項目をドラッグして「行」のボックスに入れれば、左端に申請者の名前が並んだ申請者別の集計表が出来上がります（図8）。

　ピボットテーブルの「ピボット（pivot）」は「回転軸」という意味ですが、計算対象を回すように切り替えて、さまざまな集計・分析ができる表（テーブル）という意味で付けられた名前なのでしょう。

「値」欄にドラッグするだけで自動集計

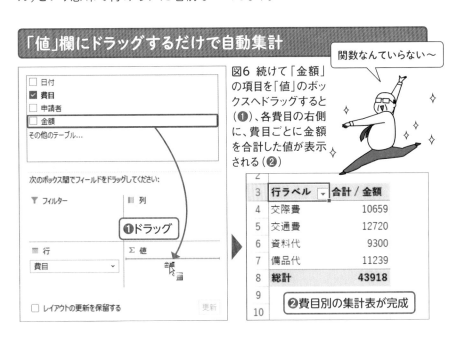

関数なんていらない～

図6　続けて「金額」の項目を「値」のボックスへドラッグすると（❶）、各費目の右側に、費目ごとに金額を合計した値が表示される（❷）

❶ドラッグ

行ラベル	合計 / 金額
交際費	10659
交通費	12720
資料代	9300
備品代	11239
総計	43918

❷費目別の集計表が完成

ここまでくれば、図1で見たようなクロス集計表の作り方もわかりますね。表の左端には行見出しとして「費目」を並べたいので、「行」のボックスにこれをドラッグします。表の上端には列見出しとして「申請者」を並べたいので、「列」のボックスこれをドラッグします。これでクロス集計表の枠組みができるので、実際に集計する「金額」の項目を、「値」のボックスにドラッグします（次ページ**図9**）。一見、複雑な計算を行っているように見えますが、慣れれば1分もかからずに、このようなクロス集計表を作成できるようになる

集計項目の変更も簡単

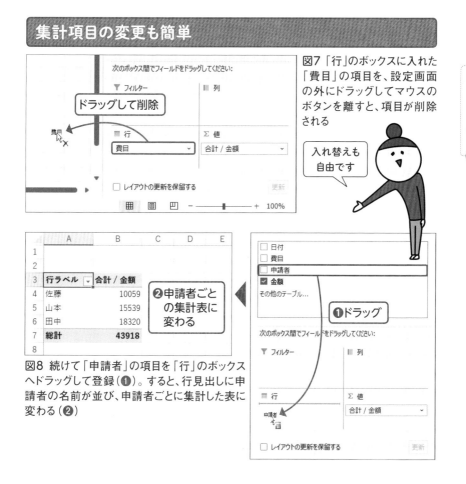

図7 「行」のボックスに入れた「費目」の項目を、設定画面の外にドラッグしてマウスのボタンを離すと、項目が削除される

図8 続けて「申請者」の項目を「行」のボックスへドラッグして登録（❶）。すると、行見出しに申請者の名前が並び、申請者ごとに集計した表に変わる（❷）

151

はずです。使わないと損です。

　ピボットテーブルで集計というと、ここまで見てきたような「合計」の計算が真っ先に思い浮かぶことでしょう。でも、ピボットテーブルの能力はそれだけにとどまりません。実は「データの個数」も計算できます。

　わかりやすい例を使って解説しましょう。職場で宴会をやるときなど、メンバーの参加意向をあらかじめヒアリングして、人数を取りまとめますよね。その際、メンバーの一覧に「参加」「不参加」などと記入していった後、参

項目を3つドラッグするだけでクロス集計表になる

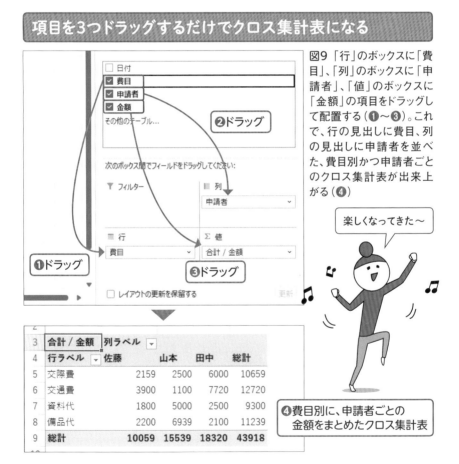

図9　「行」のボックスに「費目」、「列」のボックスに「申請者」、「値」のボックスに「金額」の項目をドラッグして配置する（❶〜❸）。これで、行の見出しに費目、列の見出しに申請者を並べた、費目別かつ申請者ごとのクロス集計表が出来上がる（❹）

楽しくなってきた〜

❹費目別に、申請者ごとの金額をまとめたクロス集計表

加人数を手作業で数えていませんか?

宴会の参加人数もピボットテーブルで簡単集計

　こんなときも、ピボットテーブルを使えばワンタッチで参加人数を集計できます。**図10左**のような表であれば、「挿入」タブにある「おすすめピボットテーブル」ボタンをクリックするだけで、**図10右**のような集計表が提案されます。「OK」ボタンを押せば実際に出来上がりますので、わずか数クリックで集計は完了です（次ページ**図11**）。

　ピボットテーブルの「値」ボックスに、数値ではなく文字の入った項目を配置すると、Excelは標準で「データの個数」を集計します。図11で作成し

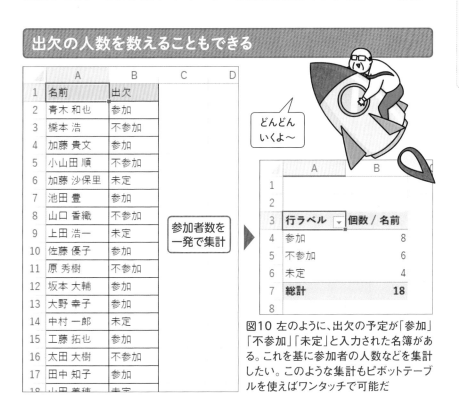

出欠の人数を数えることもできる

どんどん
いくよ～

参加者数を
一発で集計

図10　左のように、出欠の予定が「参加」「不参加」「未定」と入力された名簿がある。これを基に参加者の人数などを集計したい。このような集計もピボットテーブルを使えばワンタッチで可能だ

たピボットテーブルで設定画面を確認すると、「値」のボックスには「名前」の項目が指定されていることがわかります（図12）。手動でピボットテーブルを作成する場合も、「値」のボックスに「名前」など文字の項目をドラッグすれば、データの個数、すなわち人数などを数え上げられます。これ、めちゃくちゃ便利なので、覚えておいてください。

文字の項目は「データの個数」を集計する

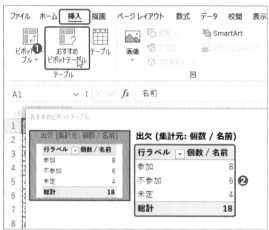

図11 「挿入」タブにある「おすすめピボットテーブル」をクリック（❶）。すると、作成するピボットテーブルの候補として、「参加」「不参加」「未定」の人数をまとめた集計表が提案される（❷）。「OK」ボタンを押せば、別シートに図10右のような表が出来上がる

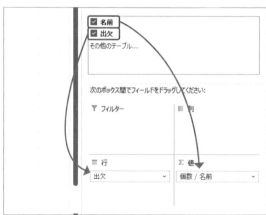

図12 出来上がったピボットテーブルを確認すると、「行」のボックスに「出欠」の項目、「値」のボックスには「名前」の項目が配置されている。実は「値」のボックスに文字の項目を割り当てると、自動で「データの個数」が集計される。そのため、「名前」の項目を割り当てることで、その個数（人数）を数えられるわけだ。「おすすめピボットテーブル」を使わずに、手動でピボットテーブルを作成しても、同様の集計ができる

パソコン博士**TAIKI**

Word 編

01 余計なお節介は解除して快適に —— 156

02 素早く楽に入力する便利ワザ —— 163

03 レイアウトの悩みを即座に解消 —— 170

04 1枚ずつ宛名を変えて連続印刷 —— 180

余計なお節介は解除して快適に
Wordは初期設定で使うな！

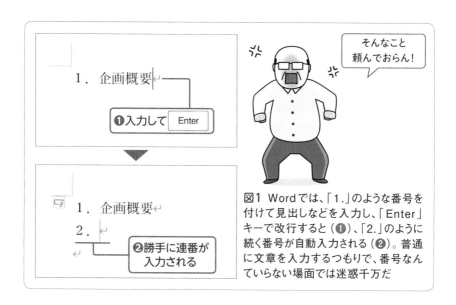

図1 Wordでは、「1.」のような番号を付けて見出しなどを入力し、「Enter」キーで改行すると（❶）、「2.」のように続く番号が自動入力される（❷）。普通に文章を入力するつもりで、番号なんていらない場面では迷惑千万だ

　仕事ではいろいろな書類を作りますが、その際にWordを使っている人は多いのではないでしょうか。ところがこのWord、意外と不評なんですよね。例えば、「1. 企画概要」と入力した後に「Enter」キーで改行すると「2.」と勝手に入力されてしまいます（図1）。Wordとしては親切心から自動入力しているのかもしれませんが、普通に文章を入力しようと思っていたところに番号を入れられるとイラッとすることもあります。

　こんなときは、「Ctrl」キーを押しながら「Z」キーを押すと、連番の自動入力をキャンセルして消すことができます（図2）。また、今後一切やめてくれ！という場合は、設定を変更しましょう（図3）。連番が自動入力された直後に

連番や箇条書きの自動作成をオフにする

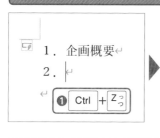

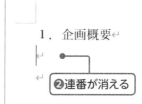

図2 自動入力された余計な連番をその場で削除したいときは、「Ctrl」キーを押しながら「Z」キーを押せばよい（❶❷）。「元に戻す」の操作で連番を取り消せる

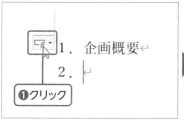

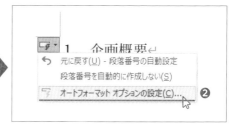

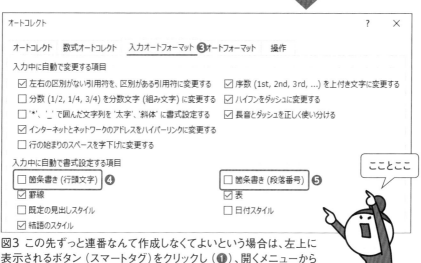

こことここ

図3 この先ずっと連番なんて作成しなくてよいという場合は、左上に表示されるボタン（スマートタグ）をクリックし（❶）、開くメニューから「オートフォーマットオプションの設定」を選ぶ（❷）。すると「入力オートフォーマット」の設定画面が開くので（❸）、「箇条書き（行頭文字）」と「箇条書き（段落番号）」の2つをオフにしよう（❹❺）。すると連番だけでなく、「・」や「●」などの記号を行頭に入力した場合に、勝手に箇条書きになることも防げる

表示される左上のボタン（スマートタグ）をクリックし、「オートフォーマットオプションの設定」を選ぶと、設定画面が開きます。そこには、Wordが備えているさまざまな入力支援機能が並んでいますので、不要なものはオフにすることをオススメします。こういった初期設定を自分なりに変更していけば、Wordはずっと使いやすくなり、仕事の効率が上がります。

　「（a）」「（b）」「（c）」のようにかっこ付きでアルファベットを入力していったときに、「（c）」が「ⓒ」に変わってしまうのも厄介です（**図4**）。これもWordが備える「オートコレクト」という自動修正機能が原因。この機能をオフにするには、「ファイル」タブのメニューから「オプション」を選んで、「文章校正」にある「オートコレクトのオプション」を開きます（**図5、図6**）。すると、図3下と同じ設定画面が開くので、「オートコレクト」タブにある「入力中に自動修正する」のチェックを外します。

起動時に開く「スタート画面」もいらない

　ほかにも、Wordを使いやすくするために変えておきたい設定があります。Wordの起動時に表示される「スタート画面」です。

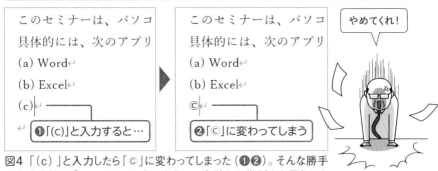

文字が勝手に変わるのを止めたい

このセミナーは、パソコ
具体的には、次のアプリ
(a) Word↵
(b) Excel↵
(c)|↵
↵
❶「(c)」と入力すると…

このセミナーは、パソコ
具体的には、次のアプリ
(a) Word↵
(b) Excel↵
ⓒ↵
❷「ⓒ」に変わってしまう

やめてくれ！

図4　「（c）」と入力したら「ⓒ」に変わってしまった（❶❷）。そんな勝手な文字変換は「オートコレクト」の仕業だ。余計なお世話だと思うのなら、設定をオフにしよう

既存のWord文書を開くときは、そのWordファイルを直接ダブルクリックして開く人が多いのではないでしょうか。一方、新規に文書を作成したいときは、スタートメニューなどからWordを起動します。すると標準では、「ホー

「オートコレクト」の設定をオフに

図5 オートコレクトの設定をオフにするには、「ファイル」タブを選ぶと開くメニューで「オプション」を選ぶ（❶❷）。画面の小さいパソコンで「オプション」メニューが表示されない場合は、「その他」を選ぶと「オプション」が現れる

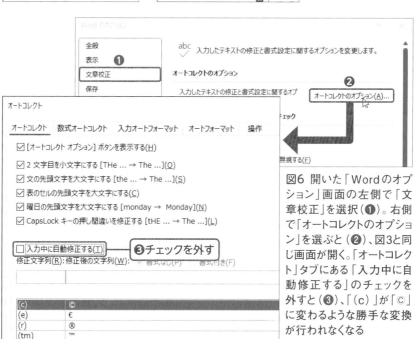

図6 開いた「Wordのオプション」画面の左側で「文章校正」を選択（❶）。右側で「オートコレクトのオプション」を選ぶと（❷）、図3と同じ画面が開く。「オートコレクト」タブにある「入力中に自動修正する」のチェックを外すと（❸）、「(c)」が「©」に変わるような勝手な変換が行われなくなる

ム」「新規」「開く」などのメニューを備えた「スタート画面」が開きます（図7）。ここで「白紙の文書」を選んで初めて新規文書が開くわけですが、これって面倒ですよね？ Wordを起動するのは新規文書を作成したいときに決まっているのですから、最初から白紙の文書が開くように設定を変えましょう（図8）。Excelでも同様の設定ができます。

文書を保存するときの面倒も、極力減らしたいものです。まだ一度も保存していない文書の作成中に画面上端にある「上書き保存」ボタンを押すと、

起動時に表示される画面がウザい

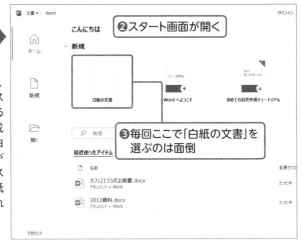

図7 Wordを起動すると、標準では右のような「スタート画面」が表示される（❶❷）。新規文書を作成するときには、ここで「白紙の文書」を選ぶ必要がある（❸）。この画面をスキップして、最初から白紙の文書を開く設定にすれば効率がアップする

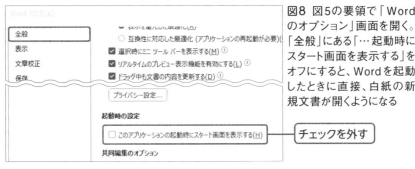

図8 図5の要領で「Wordのオプション」画面を開く。「全般」にある「…起動時にスタート画面を表示する」をオフにすると、Wordを起動したときに直接、白紙の新規文書が開くようになる

標準では図9のようなダイアログが表示されます。クラウドストレージの「OneDrive」がデフォルトの保存先になっていることも少なくありません。以前のWordでは、「名前を付けて保存」ダイアログが表示され、目当てのフォルダーを素早く選択して保存できたのですが、そんな使い勝手を取り

保存するときに、OneDriveが選択されるのはイヤ！

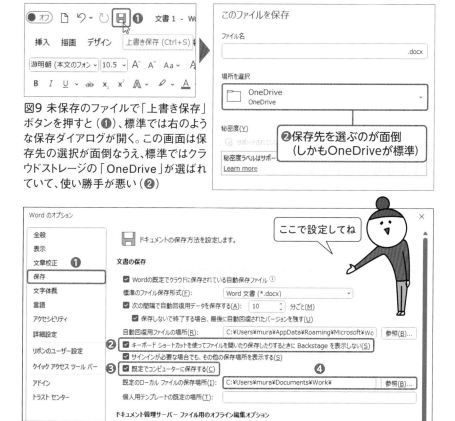

図9 未保存のファイルで「上書き保存」ボタンを押すと（❶）、標準では右のような保存ダイアログが開く。この画面は保存先の選択が面倒なうえ、標準ではクラウドストレージの「OneDrive」が選ばれていて、使い勝手が悪い（❷）

図10 「Wordのオプション」画面の左側で「保存」を選び（❶）、右側で「キーボードショートカットを使ってファイルを開いたり保存したりするときにBackstageを表示しない」をオンにする（❷）。また「既定でコンピューターに保存する」をオンにして（❸）、必要に応じて標準で開くフォルダーを設定しておく（❹）

戻したくありませんか？

　図5の要領で「Wordのオプション」画面を開くと、「保存」の設定の1つに「…Backstageを表示しない」という項目があります（前ページ**図10**）。この項目にチェックを付けると、「上書き保存」ボタンを押したときに最初から「名前を付けて保存」ダイアログが開きます（**図11**）。さらに「既定でコンピューターに保存する」の項目をオンにしておけば、OneDriveではなくパソコン内の好みのフォルダーがデフォルトで開くように設定を変えることができます。ちょっとしたことですが、起動時や保存時の手間が少し減るだけで、作業はずっとスムーズに進むようになります。

一発で「名前を付けて保存」ダイアログが開く

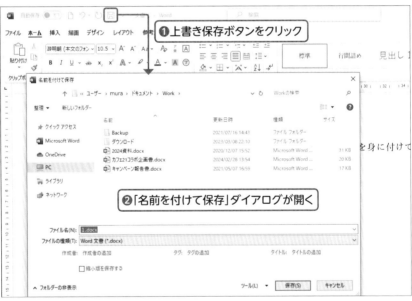

図11 図10の3つの設定をしておくと、未保存のファイルで「上書き保存」ボタンや「Ctrl」＋「S」キーを押したときに（❶）、上のような「名前を付けて保存」ダイアログが即座に開く（❷）。OneDriveではなく、指定したフォルダーが開いた状態になっているので、好みの場所にすぐファイルを保存できる。Excelでも、同様の設定変更をしておくとよい

素早く楽に入力する便利ワザ
予測入力や単語登録を活用、PDF読み込みも

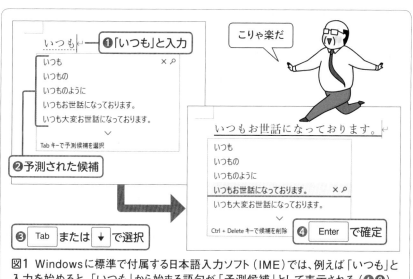

図1 Windowsに標準で付属する日本語入力ソフト（IME）では、例えば「いつも」と入力を始めると、「いつも」から始まる語句が「予測候補」として表示される（❶❷）。「Tab」キーまたは「↓」キーを押して候補を選び、「Enter」キーを押すと自動入力できる（❸❹）

書類作成で一番時間がかかるのは、やはり文章の入力でしょう。そこで次は、文字入力を効率化するワザを紹介していきます。

まずは「予測候補」の活用です。Windowsの日本語入力ソフト（IME）には、ユーザーが入力し始めた文字を基に続く言葉を予測して、候補として提案する機能があります。例えば「いつも」と入れ始めると、「いつものように」や「いつもお世話になっております。」などの候補が現れ、ワンタッチで自動入力できます（図1）。すでに使っている人も多いでしょう。

意外と知られていないのは、日付も予測候補の対象になることです。「きょう」と入れると、今日の日付が候補に現れます（**図2**）。「今日は何月何日?」とカレンダーで確認しなくても、今日の日付を自動入力できるわけです。和暦や曜日付きの表記を選ぶこともできます。

　この機能を応用すると、西暦年を和暦に変換することも可能です（**図3**）。「2021ねん」と入れると「令和3年」という予測候補が現れるので、「和暦で

日付も自動入力できる。和暦への変換も可能

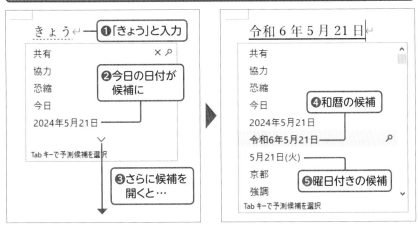

図2 「きょう」と入力すると、その日の日付が予測候補に現れる（**①②**）。「Tab」キーや「↓」キーを何度か押して候補をさらに表示させると（**③**）、和暦で記したものや曜日付きの日付も選べる（**④⑤**）

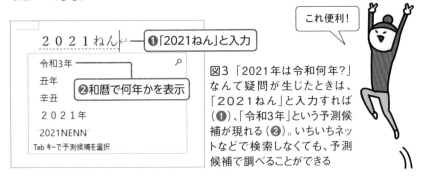

これ便利！

図3 「2021年は令和何年?」なんて疑問が生じたときは、「2021ねん」と入力すれば（**①**）、「令和3年」という予測候補が現れる（**②**）。いちいちネットなどで検索しなくても、予測候補で調べることができる

は何年だっけ?」と迷ったときに、すぐ調べられます。そのほか、「いま」と入力すると現在時刻が表示されるなど、さまざまな予測候補が現れるので、使わないのは損です（**図4**、**図5**）。

　なお、予測候補には、ユーザーが過去に入力した語句も表示されます。そ

さまざまな予測候補がある

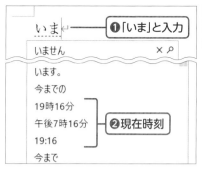

図4 「いま」と入力すると、現在時刻が候補として表示される（❶❷）。時計を見なくても時刻がわかり、表記の仕方も3パターンから選べる

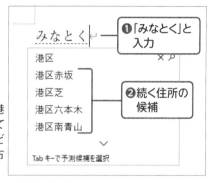

図5 「みなとく」と入力すると、「港区赤坂」「港区芝」など、港区の住所の一部が候補として表示される（❶❷）。さらに「みなとくあざ」などと入力を続ければ、「港区麻布」「港区麻布台」などに絞り込める

不要な候補は削除しておく

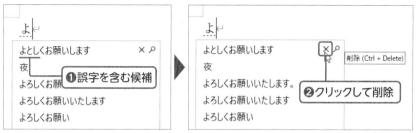

図6 「よろしく」を誤って「よとしく」と入力してしまったのを、IMEが学習して予測候補に表示するようになった（❶）。こんなときは、うっかり選択してしまわないように、予測候補から削除しておくとよい。候補の右端に表示される「×」をクリックすると削除できる（❷）

単語登録で長い文も一発入力

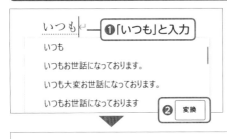

図7 「いつも」と入力して「変換」キーを押すと（❶❷）、「いつも動画をご覧いただき、誠にありがとうございます。」という文に変換できるようにした例（❸）。IMEの「単語登録」の機能を使い、このような文全体を短い語句から変換できるようにしておくと、定型文の入力を省力化・高速化できる

のため、誤って入力した語句がそのまま候補に挙げられることもあるので注意してください。誤字脱字を含む候補をそのまま選択すると、同じ過ちを繰り返すことになります。不適切な候補は「×」をクリックして削除しておきましょう（前ページ図6）。

単語登録を賢く活用、60文字までOK

　決まり文句を「単語登録」して、数文字のキーワードから変換できるようにするテクニックもオススメです（図7）。日本語入力ソフトには、人名など標準では変換できない単語を「よみ」とセットで登録し、その「よみ」から変換できるようにする機能があります。それが「単語登録」や「ユーザー辞書」と呼ばれるものです。

　実はこの機能、「単語」だけでなく、最大60字までの語句や文を登録することができます。よく使う語句や定型文を登録して一発変換できるようにすれば、入力の手間が激減します。

　登録の手順は図8の通りです。「単語」欄に語句や文、「よみ」にどんなキーワードから変換するかを指定します。「品詞」欄では「短縮よみ」を選びましょ

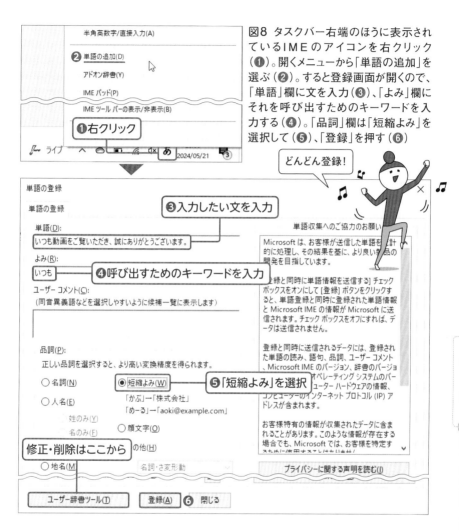

図8 タスクバー右端のほうに表示されているIMEのアイコンを右クリック（❶）。開くメニューから「単語の追加」を選ぶ（❷）。すると登録画面が開くので、「単語」欄に文を入力（❸）、「よみ」欄にそれを呼び出すためのキーワードを入力する（❹）。「品詞」欄は「短縮よみ」を選択して（❺）、「登録」を押す（❻）

どんどん登録！

う。すると、「よみ」に指定したキーワードを単独で入力したときにしか変換候補に現れないので、余計なときに変換候補に出てくるのを防げます。登録した内容を後から修正、削除したいときは、図8左下の「ユーザー辞書ツール」ボタンをクリックします。すると登録済みの語句が一覧表示され、個別に修正や削除が行えます。

紙をスキャンしてWordで読み込む大技も

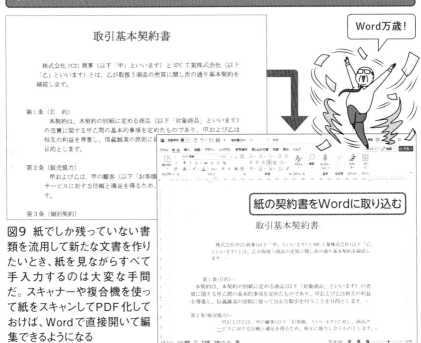

図9 紙でしか残っていない書類を流用して新たな文書を作りたいとき、紙を見ながらすべて手入力するのは大変な手間だ。スキャナーや複合機を使って紙をスキャンしてPDF化しておけば、Wordで直接開いて編集できるようになる

紙の書類をスキャンしてWord文書に変換

　「過去の書類を流用して新しい書類を作成したいが、過去のものは紙しか残っていない」——。そんな場面がよくあります。紙を見ながら一字一句手入力して作り直すのは大変な作業です。こんなときに紙の書類をWordに取り込める、とっておきのワザがあります（図9）。

　それにはまず、スキャナーや複合機を使って紙の書類をスキャンして、PDFファイルを作ります。そのうえで、Wordの「開く」画面から、そのPDFファイルを選びます（図10）。実はWordには、PDFファイルを直接開く機能が備わっています。しかも、紙をスキャンした場合のように文字情報の含ま

図10 PDFファイルをWord で開くには、起動時のスタート画面や「ファイル」タブのメニューから「開く」を選択。「参照」をクリックしてPDFファイルを選ぶ（❶～❸）。変換には時間がかかることを伝えるメッセージが表示されたら「OK」を押す（❹）

❶「開く」→「参照」を選択

❷紙をスキャンした PDFファイルを選択

Microsoft Word

PDF から編集可能な Word 文書に変換します。この処理には、しばらく時間がかかる場合があります。変換すると、Word 文書はテキストが編集しやすくなるように最適化されるため、元の PDF とまった く同じ表示にはならない場合があります。特にグラフィックが多く使われている場合に、そうなる可能性が高くなります。

□ 今後このメッセージを表示しない(D)

❹

OK　　キャンセル　　ヘルプ(H)

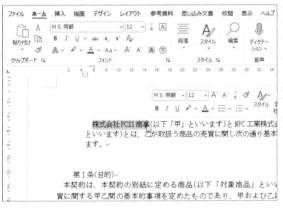

図11 しばらくするとPDFの内容がWordの文書に変換される。文字が認識されテキスト化されているので、修正したい箇所を選択して書き換えたり、書式を整えたりもできる。なお、うまく認識できない部分は画像として文書内に配置されることもある

れないPDFファイルからも、文字認識機能によってテキストデータを作成し、編集可能なWord文書に変換できるのです（**図11**）。

　元の紙の書類がWordなどで作成したもので、文字がくっきりと印刷されていれば、文字認識の精度はかなり高いです。多少手直しするだけで済むので、書類作成の効率は爆上がりです。前任者が残した紙の資料がたくさんある場合など、ぜひ試してみてください。

レイアウトの悩みを即座に解消
スペースキーで位置調整するのはやめよう

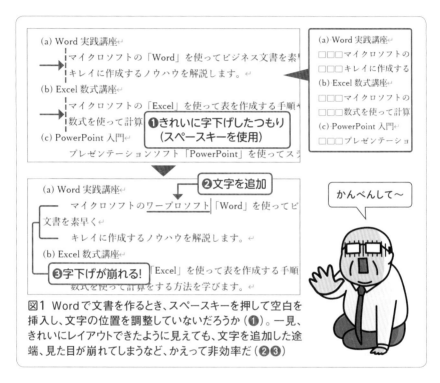

図1 Wordで文書を作るとき、スペースキーを押して空白を挿入し、文字の位置を調整していないだろうか（❶）。一見、きれいにレイアウトできたように見えても、文字を追加した途端、見た目が崩れてしまうなど、かえって非効率だ（❷❸）

　文書を見やすくしたいとき、見出しに対して、その内容を書いた本文を"字下げ"するのは、文書デザインの定石の1つです。でもこのとき、スペースキーを使って空白を挿入し、字下げしていませんか？ 空白を使って文書をレイアウトすると、後から文字を追加したり削除したりして文字数が変わったときに、レイアウトが崩れてしまいます（**図1**）。文字を書き換えるたびに空白を入れ直して調整するのは、本当に無駄な作業です。

字下げは「インデント」機能をしっかり使おう

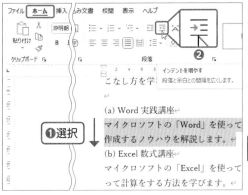

図2 字下げをするときは、対象の段落を選択し（❶）、「ホーム」タブにある「インデントを増やす」ボタンをクリックする（❷）。クリックするたびに1文字ずつ字下げされるので、適当な位置に調整する（❸）

❶選択

(a) Word 実践講座
マイクロソフトの「Word」を使って作成するノウハウを解説します。
(b) Excel 数式講座
マイクロソフトの「Excel」を使って
って計算をする方法を学びます。

❸→
(a) Word 実践講座
マイクロソフトの「Word」をキレイに作成するノウハウ
(b) Excel 数式講座
マイクロソフトの「Excel」を使って表
って計算をする方法を学びます。

❶文字を追加

(a) Word 実践講座
マイクロソフトのワープロソフト「Word」を使ってビジネス文書を素早くキレイに作成するノウハウを解説します。
(b) Excel 数式講座
マイクロ　❷字下げが維持される　って表を作成する手順や、数式を使って計算をする方法を学びます。

図3 インデント機能を使って字下げした段落は、文字の量が変わっても、字下げの位置はキープされる（❶❷）。行数が増えてもインデントの位置は固定だ

Wordには「インデント」という字下げの機能があります。字下げしたいなら、スペースキーを使うのはやめて、インデント機能を使いましょう。段落を選択して「インデントを増やす」ボタンを押すだけなので簡単です（**図2**）。インデントを設定した段落は、文字の量が変わっても常にインデント位置で左端が揃います（**図3**）。行数が増えても、左端はそのままです。見た目をきれいにレイアウトしつつ、効率良く編集を進められます。

　同じように字下げしたい部分が何カ所もあるときは、インデントを設定した段落の書式をコピーするのがオススメ。段落を選択して、「書式のコピー

171

書式のコピーで設定を効率化

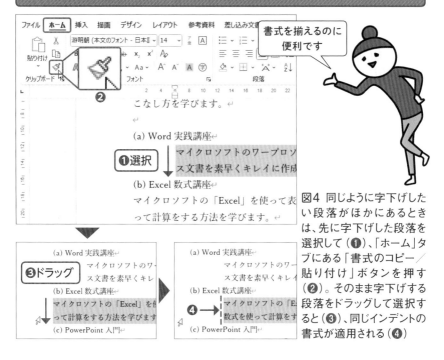

図4 同じように字下げしたい段落がほかにあるときは、先に字下げした段落を選択して（❶）、「ホーム」タブにある「書式のコピー／貼り付け」ボタンを押す（❷）。そのまま字下げする段落をドラッグして選択すると（❸）、同じインデントの書式が適用される（❹）

／貼り付け」ボタンをクリックし、字下げしたい段落をドラッグします（**図4**）。これだけで、書式をコピーして、インデントを設定できます。

　なお、書式をコピーするとき、「書式のコピー／貼り付け」ボタンをダブルクリックすると、複数の箇所に続けて書式をコピーできるので便利です。インデントしたい段落を順番に選択して書式をコピーしていき、最後にもう一度「書式のコピー／貼り付け」ボタンを押せば、コピーモードを解除できます。

　ルーラーを使ってインデントを設定する方法も紹介しておきましょう。ルーラーというのは、編集画面の上部ある目盛りのことです。ルーラーの左端を見ると、下向きと上向きのツマミと、その下に小さな四角があります。これらはそれぞれ「1行目のインデント」「ぶら下げインデント」「左インデント」の位

ルーラーで調整する方法もある

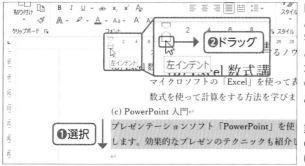

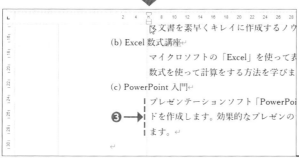

図5 ルーラー（上部にある目盛り）を使って、字下げの設定をすることもできる。ルーラーの左端に「左インデント」の位置を表すツマミがある。段落を選択し（❶）、このツマミを右に動かせば（❷）、ツマミの真下の位置まで字下げできる（❸）

置を表すツマミで、ドラッグ操作で動かせます。左インデントのツマミをドラッグすれば、選択している段落全体を字下げできます。位置を確認しながら直感的にレイアウトを調整できるので便利です（図5）。

縦の並びを揃えたいなら表組みを活用

日付、時間、内容、場所の4項目を4列に揃えて記載したい——。こんなとき、4つの項目の間にスペースキーで空白を入れて等間隔に並べようとしている人はいませんか？ これもまったくオススメできない方法です。というのも、Wordでは1文字1文字の横幅が一定ではないため、縦の位置を揃えようと空白の数を増やしたり減らしたりしても、完璧に揃えることはできません

縦を揃えて並べたければ、表を活用しよう

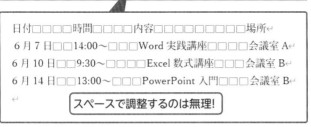

2．スケジュール

日付	時間	内容	場所
6月7日	14:00〜	Word 実践講座	会議室 A
6月10日	9:30〜	Excel 数式講座	会議室 B
6月14日	13:00〜	PowerPoint 入門	会議室 B

日付□□□□時間□□□□内容□□□□□□□□場所
6月7日□□14:00〜□□□Word 実践講座□□□□会議室 A
6月10日□□9:30〜□□□□Excel 数式講座□□□会議室 B
6月14日□□13:00〜□□□PowerPoint 入門□□□会議室 B

スペースで調整するのは無理!

図6 日付、時間、内容、場所の4項目をきれいに並べて見せたいが、スペースキーで空白を入れる方法では、縦の位置がうまく揃わない……。こんなときは、表組みにするほうが簡単だ

ガタガタだよ

（**図6**）。見た目が汚くなるばかりか、字下げのときと同様、文字を追加したり削除したりしたときに再調整が必要になります。効率悪すぎです。

「タブ」機能を使って縦を揃える方法もありますが、タブを使いこなすのは意外と難しいです。そこでオススメしたいのが、「表」の活用です。

「挿入」タブの「表」ボタンを押すとメニューが開き、何行×何列の表を作成するかを、マス目の上をドラッグして選択できます（**図7**）。すると格子状に罫線が引かれるので、その中に文字を入れていけば、簡単に表を作成できます。縦の罫線をドラッグすれば列の幅を変えられるので、文字がバランス良く配置されるように調整しましょう。

表の中の文字は、列ごとに揃うので、図6のようにガタガタになることはありません。日付や数値は右端が揃っていたほうが見やすいものですが、列ごとに「右揃え」などの設定も簡単です（**図8**）。

表にすると目立ちすぎるのでデザイン的に気に入らないという場合は、

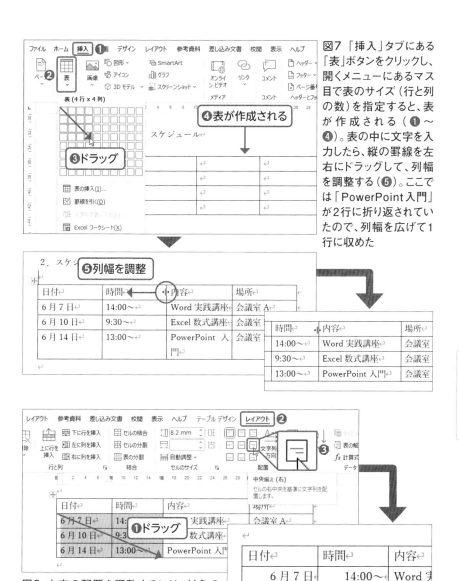

図7 「挿入」タブにある「表」ボタンをクリックし、開くメニューにあるマス目で表のサイズ（行と列の数）を指定すると、表が作成される（❶〜❹）。表の中に文字を入力したら、縦の罫線を左右にドラッグして、列幅を調整する（❺）。ここでは「PowerPoint入門」が2行に折り返されていたので、列幅を広げて1行に収めた

図8 文字の配置を調整するには、対象のセルをドラッグして選択し（❶）、表専用の「レイアウト」タブで（❷）、「中央揃え（右）」などのボタンを押す（❸❹）。上揃え、中央揃え、下揃えのそれぞれについて左、中央、右があり、9通りから配置を選べる

表の罫線を消して、表組みのレイアウトだけを活用するのも手です。表全体を選択して罫線ボタンのメニューを開き、「枠なし」を選択すれば罫線は消えます（**図9**）。編集画面上は破線が残りますが、印刷時には消えるのでご安心ください。

画像を挿入したときに、行間が広がるのを防ぐ

　Wordで文書のレイアウトを考えるとき、最大の課題となるのが画像の配置でしょう。画像を挿入したとき、いきなり行間が空いて驚いた経験はないでしょうか? ドラッグ操作で画像を動かすのにも苦労します（**図10**）。

罫線を消して、表組みレイアウトだけを生かす

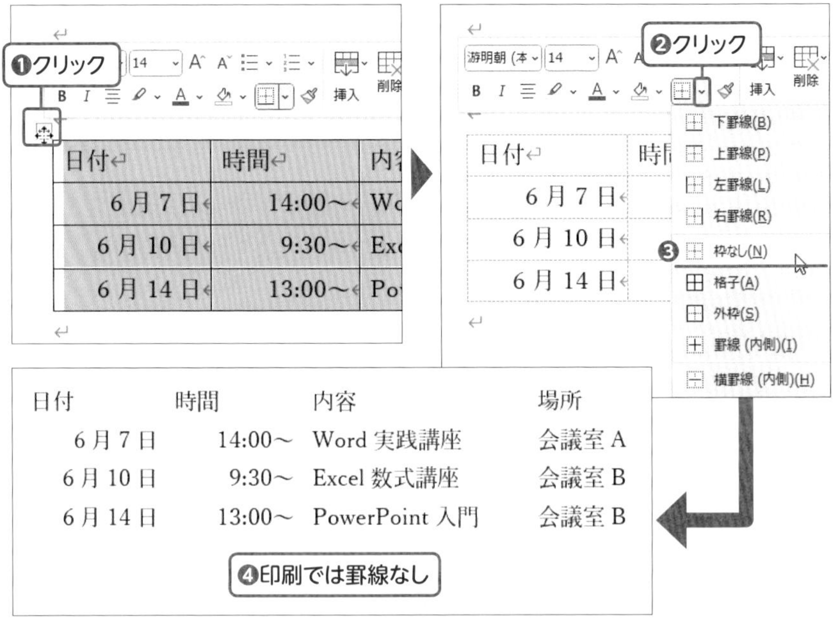

図9 表の左上に表示される四角をクリックして表全体を選択（❶）。すぐ上に表示されるツールバーにある罫線ボタンの右の「∨」をクリックして「枠なし」を選ぶ（❷❸）。すると画面上は破線で表組みであることが示されるが、印刷時には線が消える（❹）

なぜ行間が空くのかというと、挿入した画像は標準で「行内」という配置方法になるためです。これは、画像を文字1個分として扱う設定で、いってみれば、行内に1つだけ巨大な文字があるのと同じように扱われます。画像のサイズに合わせて行の高さが広がるため、画像の左右に空きができてしまうのです。

　対処法は簡単です。画像の右上に表示されるボタンをクリックすると、画

画像を挿入すると、なぜ行間が空く？

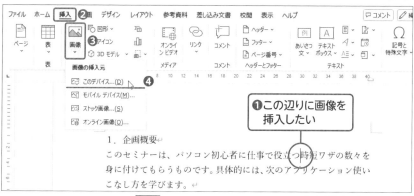

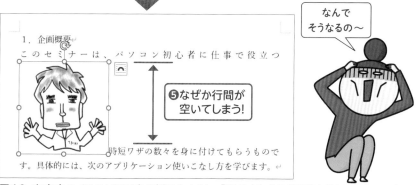

図10　文書内にイラストや写真を挿入しようと、「挿入」タブの「画像」ボタンからファイルなどを選ぶと（❶〜❹）、標準では挿入された画像の左右に大きな余白ができてしまう（❺）。画像を動かそうとしても、ドラッグ操作で思い通りに移動できないなど、イライラが募った経験はないだろうか？

像の配置方法（レイアウトオプション）を選択するメニューが開きます。標準では「行内」ですが、これを「四角形」に変更すれば、画像の四角形を避けるように文字が配置されるようになります（**図11**）。画像をドラッグすれば好きなところに移動できるようになり、それに合わせて文字も自動で再配置されます（**図12**）。

画像の配置方法を「四角形」に変更しよう

図11 画像の右上に表示されたボタンをクリックすると（❶）、「レイアウトオプション」のメニューが開く。これが標準では「行内」に設定されているため（❷）、画像を1行の中に収めようとして、行間が広がってしまうのだ。レイアウトオプションを「四角形」に変更すれば（❸）、画像を囲む四角形の四方に文字が回り込むようになる（❹）

図12 画像のレイアウトオプションを「四角形」にすると、ドラッグ操作で自由に画像を移動できるようになる。そして、画像の位置に応じて、それをよけるように、文字が回り込む

画像を文字1個分として扱うのは「行内」だけなので、そのほかの配置方法を選べば、画像は自由に動かせます。「前面」や「背面」など6通りのレイアウトがありますが、「四角形」にするのが最も扱いやすく、読みやすい文書になるでしょう。

　ただし、画像を挿入するたびに図11の手順で配置方法を変更するのは面倒ですよね？　そこで、最初から「四角形」の配置で画像を挿入できるように、設定を変えるのが時短のコツです。

　それには「ファイル」タブのメニューから「オプション」を選び、「Wordのオプション」画面を開きます。「詳細設定」にある「図を挿入／貼り付ける形式」欄を「行内」から「四角」に変更しておけば、挿入／貼り付けした画像のレイアウトが、標準で「四角形」となります（図13）。

「四角形」の配置を標準設定にすれば面倒なし

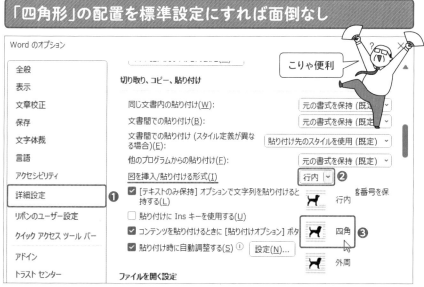

図13　「ファイル」タブのメニューから「オプション」を選択。開く「Wordのオプション」画面で「詳細設定」を選び（❶）、「図を挿入／貼り付ける形式」欄を「行内」から「四角」へと変更する（❷❸）。すると、画像を挿入したとき、最初からレイアウトオプションが「四角形」の設定になる

1枚ずつ宛名を変えて連続印刷
Excelデータを利用した「差し込み印刷」のワザ

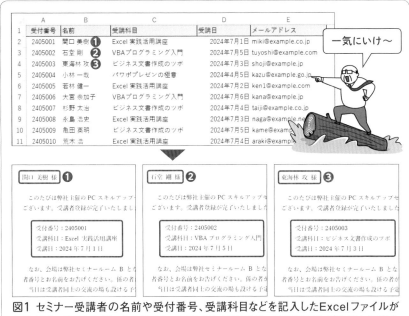

図1 セミナー受講者の名前や受付番号、受講科目などを記入したExcelファイルがある（上）。そこからデータを転記して、宛名や受付番号、受講科目などを個々に記入した文書を1枚ずつ作成したい（❶〜❸）。手作業でコピペしていくと大変だが、Wordなら自動でデータを読み込み、連続印刷できる

　Word編の最後に、「差し込み印刷」のワザを紹介します。Wordを使った時短の効果を最も実感できる便利機能です。

　顧客に案内状やチラシなどを送るとき、大半は同じ内容であっても、宛名が個々の顧客名になっていると、丁寧な印象を与えられますよね。また、一部の内容が顧客ごとに違うため、そこだけは書き換えて送らなければなら

共通の部分を先に作成

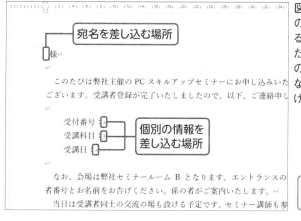

宛名を差し込む場所

様

このたびは弊社主催の PC スキルアップセミナーにお申し込みいた ございます。受講者登録が完了いたしましたので、以下、ご連絡申し

受付番号
受講科目
受講日

個別の情報を
差し込む場所

なお、会場は弊社セミナールーム B となります。エントランスの
者番号とお名前をお告げください。係の者がご案内いたします。
当日は受講者同士の交流の場も設ける予定です。セミナー講師も参

図2 Wordを起動し、文書の共通する部分を作成する。宛名の部分は「様」とだけ入力。受付番号などの記入欄も、実際の番号などは入力せずに、場所だけを用意する

まずは
ひな型づくりね

ないケースもあります。そんなとき、Excelで作成した顧客データを基に、宛名や一部の内容だけを書き換えながら、自動で連続印刷できる機能が差し込み印刷です（**図1**）。

Excelは1行目に項目名、1行に1件ずつ入力

差し込み印刷をするためには、まず図1上のような体裁のExcelファイルが必要です。シートの1行目には「受付番号」「名前」などの項目名があり、2行目以下に実際のデータを入力します。1行に1件ずつ並んでいるのがポイント。「リスト形式」などと呼ばれる形で、データベースの基本ですね。混乱を避けるために、ファイルにはデータを入力したシートだけがある状態にしておくとよいでしょう。

もう1つ準備するのは、共通の部分を作成した、Word文書のひな型です。宛名を入れる部分には「様」とだけ入力しておきます（**図2**）。名前の文字数分、スペースを空けておくなどの必要はありません。「当日は山田様のご来店を心よりお待ちしております。」のように、本文中に名前を差し込み

Word編 04 1枚ずつ宛名を変えて連続印刷

181

「差し込み文書」タブで設定する

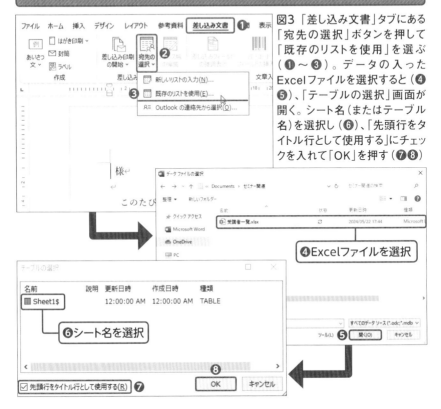

図3 「差し込み文書」タブにある「宛先の選択」ボタンを押して「既存のリストを使用」を選ぶ（❶～❸）。データの入ったExcelファイルを選択すると（❹❺）、「テーブルの選択」画面が開く。シート名（またはテーブル名）を選択し（❻）、「先頭行をタイトル行として使用する」にチェックを入れて「OK」を押す（❼❽）

たい場合は、「当日は様のご来店を心よりお待ちしております。」のように、差し込む箇所を詰めて入力してしまってかまいません。

　Excelファイルとword文書のひな型を準備できたら、設定を始めましょう。利用するのは、Wordの「差し込み文書」タブです。

　最初に、Excelファイルを読み込みます。ひな型の文書を開いた状態で、「宛先の選択」ボタンのメニューから「既存のリストを使用」を選びます（図3）。Excelファイルを選択すると、シートやテーブルを選択する画面が開くので、該当するシート名を選択して「OK」を押します。シートが1つだけなら、

迷わずに済みますね。「先頭行をタイトル行として使用する」にチェックを入れるのも忘れないでください。

データを差し込む場所に「フィールド」を挿入

　続いて、宛名などを自動表示したい部分に「フィールド」を設定していきます。フィールドとは、文書内に設置できる特別な領域で、その中の文字や値は、Wordが自動処理できます。差し込み印刷で使うフィールドは「差し込みフィールド」と呼ばれます。

　設定は簡単です。宛名を入れる場所にカーソルを置いたら、「差し込み文書」タブにある「差し込みフィールドの挿入」ボタンの右の「∨」をクリックします（図4）。すると、先ほど読み込んだExcelファイルの項目名がメニュー表示されるので、「名前」を選びます。挿入された「≪名前≫」という部分が、「名前」列のデータが差し込まれるフィールドです。ここに「関口 美樹」「石堂 剛」「東海林 攻」…と1件ずつ名前が差し込まれていきます。後ろの「様」という文字との間に半角スペースを入れると、印刷したときにより見やすくな

Excelの項目名を選んでフィールドを挿入

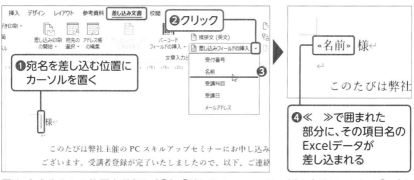

図4　宛名を入れる位置を選択し（❶）、「差し込みフィールドの挿入」ボタンの右の「∨」をクリック（❷）。メニューにExcelファイルの項目名が一覧表示されるので、「名前」を選ぶ（❸）。すると、カーソル位置に「≪名前≫」のようにフィールドが挿入される（❹）

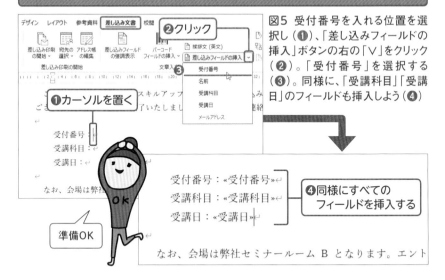

すべてのフィールドを設定

図5 受付番号を入れる位置を選択し（❶）、「差し込みフィールドの挿入」ボタンの右の「∨」をクリック（❷）。「受付番号」を選択する（❸）。同様に、「受講科目」「受講日」のフィールドも挿入しよう（❹）

❷クリック

❶カーソルを置く

❹同様にすべての
フィールドを挿入する

準備OK

りますね。

今回のサンプルでは、同様に「受付番号」「受講科目」「受講日」という
フィールドを該当箇所に挿入します（**図5**）。これらのフィールドには書式も
設定でき、「≪○○≫」という部分の文字のサイズやフォントを変えれば、差
し込まれるデータがその書式で印刷されます。

「差し込み文書」タブの「結果のプレビュー」ボタンを押せば、印刷時の
イメージを確認できます（**図6**）。その右側にある左右の三角ボタンをクリッ
クすれば、2件目、3件目…とほかのデータもプレビューできます。

日付の表記を「〇年〇月〇日」にする

今回は「受講日」として日付を印刷するように設定していますが、プレ
ビューを見ると、その日付が「7/5/2024」のような「月／日／年」の表記に
なっていることに気付きます。これは仕様で、Excel側でどんな日付の表記

プレビューを確認する

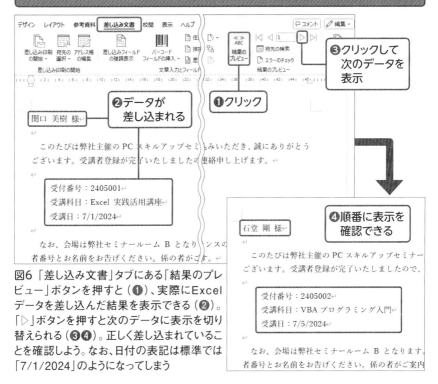

図6 「差し込み文書」タブにある「結果のプレビュー」ボタンを押すと（❶）、実際にExcelデータを差し込んだ結果を表示できる（❷）。「▷」ボタンを押すと次のデータに表示を切り替えられる（❸❹）。正しく差し込まれていることを確認しよう。なお、日付の表記は標準では「7/1/2024」のようになってしまう

を設定していても、Wordに読み込んだ時点で「月／日／年」という表記に変わってしまいます。

これを「2024年7月5日」のような日本語表記にするには、ちょっとしたテクニックが必要です。それには日付のフィールド部分を右クリックして、「フィールドコードの表示／非表示」を選びます。

すると、「{ MERGEFIELD 受講日 }」のように表示されます（次ページ図7）。これが「受講日のデータを読み込んで表示せよ」という差し込み印刷の命令（コード）です。ここに「日付を"〇年〇月〇日"の形式で表示せよ」という命令を追加します。具体的には、「受講日」という項目名と末尾の「}」記号

日付の表記を「2024年7月1日」に変える

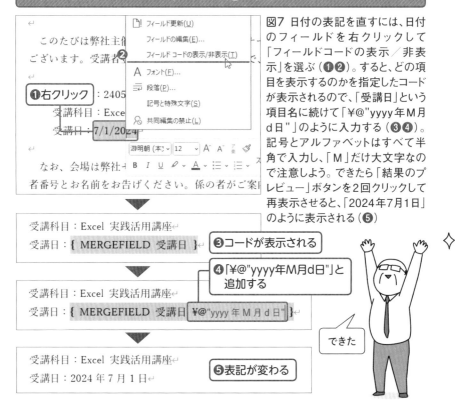

図7 日付の表記を直すには、日付のフィールドを右クリックして「フィールドコードの表示／非表示」を選ぶ（❶❷）。すると、どの項目を表示するのかを指定したコードが表示されるので、「受講日」という項目名に続けて「¥@"yyyy年M月d日"」のように入力する（❸❹）。記号とアルファベットはすべて半角で入力し、「M」だけ大文字なので注意しよう。できたら「結果のプレビュー」ボタンを2回クリックして再表示させると、「2024年7月1日」のように表示される（❺）

の間に、「¥@"yyyy年M月d日"」のように追加します。「結果のプレビュー」ボタンを押してデータを再表示させると、「2024年7月5日」のような表記に変わります。ちなみに、曜日も付けて表示したければ、「¥@"yyyy年M月d日(aaa)"」と追記します。「aaa」で曜日を表示できるのは、Excelと共通ですね（105ページ参照）。

差し込み印刷を実行、メールの一斉送信もできる

以上で差し込み印刷の設定は完了です。実際に印刷するときは、「完了と

あとは印刷するだけ

図8 実際に印刷するには、「完了と差し込み」ボタンを押して「文書の印刷」を選択（❶❷）。印刷するデータ（レコード）の範囲を指定して「OK」ボタンを押す（❸❹）

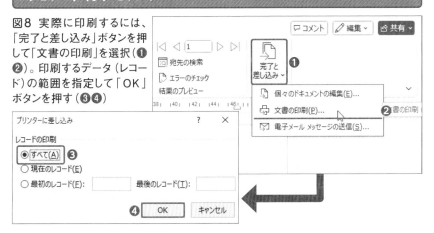

宛名などを1人ずつ変えてメール送信も可能

図9 「完了と差し込み」ボタンのメニューから「電子メールメッセージの送信」を選ぶと（❶❷）、図7までで作成したWord文書をメールの本文にして送信することができる。本文に記載する宛名や受付番号などは、印刷時と同様、1通ずつ別のものにできる

差し込み」ボタンのメニューから「文書の印刷」を選びます（**図8**）。すると設定画面が開き、すべてを印刷するか、指定した範囲のデータを印刷するかを選択できます。「OK」ボタンを押せば、印刷が始まります。

　「完了と差し込み」のメニューには、「電子メールメッセージの送信」という項目もあります（**図9**）。そうなんです。実は差し込み印刷の機能を使うと、文書をそのままメールの本文にして、一斉送信もできるのです。

　そのためには、Excelファイルにメールアドレスを入力した列が必要で

メールアドレスと件名を指定して送信

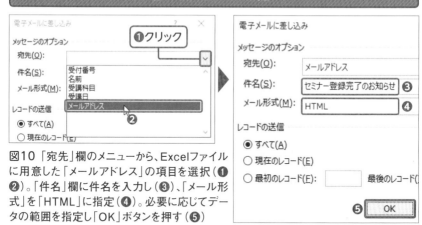

図10 「宛先」欄のメニューから、Excelファイルに用意した「メールアドレス」の項目を選択（❶❷）。「件名」欄に件名を入力し（❸）、「メール形式」を「HTML」に指定（❹）。必要に応じてデータの範囲を指定し「OK」ボタンを押す（❺）

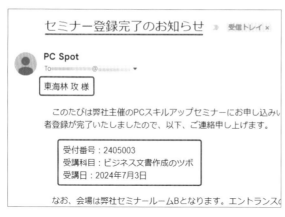

図11 受信したメールの例。図10右で設定した件名が付いていて、宛名や受付番号などが個別に差し込まれている

誤送信には注意してね！

す。この列を設定画面の「宛先」に指定し、「件名」を入力します（図10）。「メール形式」は「HTML」がオススメです〔注〕。

　メールは、メールアプリ（通常はOutlook）を通じて送信されます。図10右で「OK」ボタンを押すと、すぐ送信が始まるので注意してください（図11）。大量のメールを誤送信しては大変です。最初は自分のメールアドレスを宛先にしてテストするといいでしょう。くれぐれも慎重に実行してください。

〔注〕「書式なし」を選ぶと、Outlookでは1通送るたびにセキュリティの警告画面が表示されるようになるので、大量のメールを自動送信するのには向かない

パソコン博士**TAIKI**

AI活用 編

(01) 情報収集や企画案はAIに相談 ———— 190

(02) 要約も翻訳もデータ分析も頼める ———— 199

(03) 画像や動画の分野でも大活躍 ———— 208

情報収集や企画案はAIに相談
無料で使えるAIが有能なアシスタントになる

Windowsが搭載する「Copilot」

ウェブ上で使える「Copilot」
https://copilot.microsoft.com/

AI最強！

図1 最近話題の生成AI（人工知能）。マイクロソフトが提供するのが「Copilot（コパイロット）」というAIアシスタントだ。Windowsに標準搭載されているほか、ウェブサイト上でも提供されていて、誰でも無料で使える

　自然な文章で人と会話できたり、内容を指示するだけでイラストや写真などの画像を生成できたりする「生成AI（人工知能）」が次々と登場しています。「ChatGPT（チャットジーピーティー）」が先駆けとなり大ブレイクしましたが、Windows 11の標準機能としても「Copilot（コパイロット）」というAIアシスタントが搭載されるなど、とても身近な存在になりましたね[注]。マイクロソフトのCopilotは、ウェブ上でも無料で提供されているので、Windows 10のユーザーでも利用できます（**図1**）。このAIアシスタントを味

[注]マイクロソフトはWindows 10にもCopilotを搭載する方針だが、2024年5月現在、一般提供は始まっていない

チャットのようにAIと会話できる

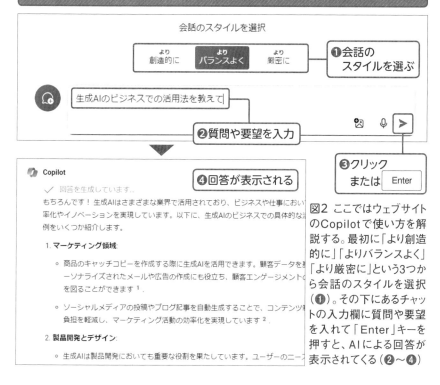

図2 ここではウェブサイトのCopilotで使い方を解説する。最初に「より創造的に」「よりバランスよく」「より厳密に」という3つから会話のスタイルを選択（❶）。その下にあるチャットの入力欄に質問や要望を入れて「Enter」キーを押すと、AIによる回答が表示されてくる（❷～❹）

方に付ければ、情報収集から文書作成、アイデア提案まで、さまざまなことを依頼して、仕事を効率化できます。

　ここでは、ウェブ上で提供されているCopilotを例に、Copilotの便利な使い方を紹介していきます。ウェブサイトにアクセスすると、下のほうにチャットの入力欄があります。ここに質問や要望を入力して送信するのが基本です。あらかじめ「会話のスタイル」を選ぶこともできますが、通常は「バランスよく」のままでかまいません。「○○を教えて」のように入力して送信ボタン（紙飛行機のアイコン）を押すと、そのテーマに関する情報をまとめて回答してくれます（**図2**）。質問や要望は、「Enter」キーを押すだけでも

情報源を確認できるので安心

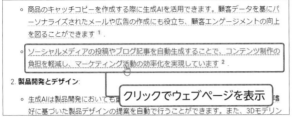

図3 回答の中で、注釈番号のような数字が付いている箇所はリンクになっている。クリックすると、その情報の基になったウェブページが開き、より詳しい情報などを確認できる

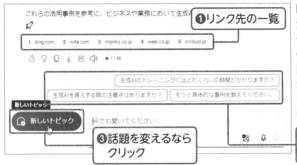

図4 回答の一番下にも、注釈番号に対応したリンクの一覧がある（❶）。この回答について続けて質問もでき、質問の例も表示されている（❷）。一方、話題を変えるときは「新しいトピック」を押す（❸）

送信されます。

　Copilotからの回答文には、注釈番号のような数字が付いている箇所があります。その部分はリンクになっていて、クリックすると、その情報源になったウェブページが開きます（**図3**）。この点がChatGPT（無料版）と異なるところです。AIがどのような情報を基に回答を生成したかがわかります。ウェブページを確認すると、Copilotの回答に誤りがないかをチェックできますし、より詳しい情報を得ることもできます。

　Copilotの回答に対して、追加の質問をすることも可能です（**図4**）。Copilotは会話の流れを理解しているので、「もっと詳しく説明して」などと追加の要望を出すだけでも、きちんと答えてくれます。逆に、まったく別の質問をするときは、「新しいトピック」をクリックして、それまでの会話と切り離したほうが確実です。前の会話に続けて別の質問をすると、Copilotが前

企画の提案を頼むことも可能

生活雑貨を販売する店舗です。夏休みにファミリー層の来店を増やすために、子供向けの店頭イベントを実施したいです。その企画を考えてください。|

 イベントの企画を考えて

 Copilot

✓ 回答を生成しています...

もちろん、ファミリー層の来店を増やすための子供向けの店頭イベントを企画する素晴らしいアイデアですね！以下にいくつかのアイデアを提案します。 ¹

1. **ウォータースティックライト体験**:
   - **概要**: 子供たちが楽しめるウォータースティックライト体験を実施しましょ〜 は、ビーズやキラキラ水、ライト、シールを組み合わせて作るアクセサリー
   - **ポイント**:
     - 子供の好きな要素を取り入れて、楽しさを最大限に引き出します。
     - 保護者も子供と一緒に楽しめるように工夫しましょう。

2. **工作ワークショップ**:
   - **概要**: 子供たちが自分で作品を作る工作ワークショップを開催しましょう。例 紙芝居作り、折り紙、ビーズアート、絵画などがあります。
   - **ポイント**:

図5 アイデアの相談もできる。上記のようにイベントの企画を考えてほしいと頼むと、テーマに応じた企画を考案してくれる。ウェブ上にあるさまざまな企画を集約してアイデアをまとめているようだ

 楽しそう

の話題を引きずり、適切な回答を得られない場合があります。

アイデアの提案もお願いできる

　Copilotは、質問に答えるだけではありません。「○○の企画を考えて」などと頼めば、アイデアの提案もしてくれます。**図5**は、夏休みにファミリー層の顧客を増やすためのイベントを考えてもらった例です。子供が楽しめる体験イベントや工作イベントを提案しつつ、実施する際のポイントなどを解説してくれました。

　商品のチラシやポップに掲載する宣伝文句の作成を依頼することもできます。より具体的なアイデアを求める場合には、依頼文も具体的かつ詳

詳細は箇条書きなどで説明するとよい

会話のスタイルを選択

❶

より 創造的に / より バランスよく / より 厳密に

図6 商品名や宣伝文句などを相談してもよい。会話のスタイルで「より創造的に」を選ぶと、アイデアの幅が広がる（❶）。具体的なアイデアが欲しいときは、右のように「＃＃商品」「＃＃特徴」といった見出しを付けて、その内容を箇条書きで詳しく指定するとよい（❷❸）。入力欄で改行するには「Shift」キーを押しながら「Enter」を押す必要があるので注意しよう

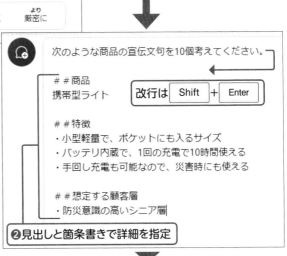

次のような商品の宣伝文句を10個考えてください。

＃＃商品
携帯型ライト

改行は Shift + Enter

＃＃特徴
・小型軽量で、ポケットにも入るサイズ
・バッテリ内蔵で、1回の充電で10時間使える
・手回し充電も可能なので、災害時にも使える

＃＃想定する顧客層
・防災意識の高いシニア層

❷見出しと箇条書きで詳細を指定

Copilot

❸宣伝文句を考えてくれた

もちろんです。以下に、携帯型ライトの宣伝文句を10個ご提案します。

1. **いつでもどこでも明るさを。** あなたのポケットに収まる、強力な光の源。

2. **非常時の必需品。** 手回し充電で、いつでも信頼できる明かりを。

3. **軽量でパワフル。** 小さな体に、大きな安心を。

4. **長時間持続。** 一回の充電で、夜通しの明るさをお届けします。

5. **防災のプロに選ばれる品質。** シニア層にも使いやすい、シンプルで強力なライト。

6. **ポケットに安心を。** 小型でも長時間の使用が可能な、あなたのポケットサイズのライト。

7. **災害時もこれ一つ。** 手回しで充電可能なので、電源がない状況でも明るさを失いません。

8. **持ち運び自由自在。** 軽量設計で、どこへでも持って行ける便利さ。

9. **シニアのための明るい選択。** 防災意識の高い方に最適な、使いやすくて頼れるライト。

10. **暗闇を恐れない。** 10時間連続使用できる、強力なバッテリー内蔵ライト。

細に入力するのがポイントです。その際、「##商品」「##特徴」などと見出しを付けて、詳細を箇条書きするのが効果的とされています（図6）。「##」という記号の部分は何でもかまいません。見出しとその詳細が明確にわかることが重要で、依頼文の内容・構造をAIが理解しやすいように工夫するのがコツです。

　なお、入力欄の中で改行するには、「Shift」キーを押しながら「Enter」キーを押します。単に「Enter」キーを押すと送信されてしまうので注意してくださいね。Wordなどほかのアプリで依頼文を作成し、それをCopilotに貼り付けて送信するのも手です。

「ノートブック」で企画書の下書きを依頼

　企画やアイデアの提案をお願いするだけでなく、企画書の作成まで依頼することもできます。その場合は、「ノートブック」の画面を利用するのがオススメです（図7）。通常のチャット画面で「企画書を作成して」とお願いす

文書作成には「ノートブック」が便利

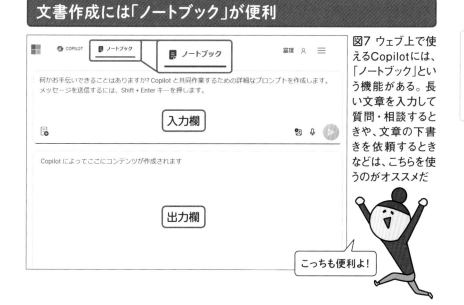

図7 ウェブ上で使えるCopilotには、「ノートブック」という機能がある。長い文章を入力して質問・相談するときや、文章の下書きを依頼するときなどは、こちらを使うのがオススメだ

回答がそのまま文書の下書きに

生活雑貨を販売する店舗です。夏休みにファミリー層の来店を増やすために、子供向けの店頭イベントを実施したいです。その企画書を書いてください。|

イベントの企画書を書いて

子供向け店頭イベント企画書

1. 目的

夏休み期間中にファミリー層の来店を増やすため、子供向けの店頭イベン

2. イベント詳細

- **イベント名**:「夏のアート＆クラフトフェア」
- **日時**: 2024年8月1日から2024年8月31日まで
- **場所**: 店舗内特設スペース

3. イベント内容

1. **アート＆クラフトワークショップ**: 子供たちが自分の作品を作り、持ち帰
   ップを開催します。材料はすべて当店で提供します。
2. **絵画コンテスト**: 子供たちが自由に絵を描き、最優秀作品には賞品を授与
3. **宝探しゲーム**: 店内で宝探しゲームを行い、見つけたアイテムに応じて景
   提供します。

図8 ファミリー層の顧客を増やすためのイベントを想定し、「企画書を書いて」と依頼した例。ノートブックを使うと、企画書の下書きをそのまま回答として作成してくれる。「目的」「イベント詳細」「イベント内容」「宣伝計画」「予算」などの項目にまとめられている。これをひな型にすれば、企画書の作成がぐっと楽になるだろう

なかなかやるな

ると、会話形式でアドバイスされるにとどまりますが、ノートブックの画面で依頼すると、企画書そのものを回答として表示してくれます。**図8**の例では、「目的」「イベント詳細」「イベント内容」「宣伝計画」「予算」などの項目が並んだ企画書の案が生成されました。

　もちろん、この企画書をそのまま使えるわけではありませんが、企画書の構成や盛り込むべき項目をイメージするには十分です。これを下書き、あるいはひな型にして、自分なりの内容に書き換えていけば、効率良くスピーディーに企画書を仕上げられるでしょう。企画の目的や目標などを具体的に指定して依頼すれば、生成される企画書もより具体的になり、下書きとしての完成度もアップします。AIが提案するアイデアの中には、自分では思い

Wordに出力することもできる

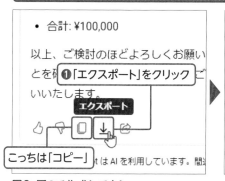

図9 図8で作成してもらった企画書を、Wordファイルにすることもできる。回答の下にある「エクスポート」ボタンをクリックし（❶）、開くメニューから「Word」を選ぶと（❷）、ブラウザー上で利用できるオンライン版のWordが起動し、そのまま編集可能になる（❸）

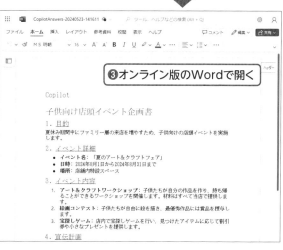

付かないような実用的なものがあるかもしれません。

作成してもらった企画書をWordにエクスポート

Copilotが作成した企画書は、コピーして使えるだけでなく、Word形式で保存することもできます。それには回答の下に表示される「エクスポート」ボタンをクリックし、「Word」を選びます（**図9**）。なお、この機能を使うには、Microsoftアカウントでサインインしておく必要があります。

エクスポートしたファイルをダウンロードする

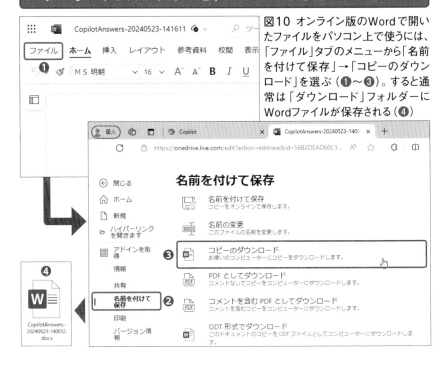

図10 オンライン版のWordで開いたファイルをパソコン上で使うには、「ファイル」タブのメニューから「名前を付けて保存」→「コピーのダウンロード」を選ぶ（❶〜❸）。すると通常は「ダウンロード」フォルダーにWordファイルが保存される（❹）

　すると、回答がWord形式に変換され、ブラウザー上で使えるオンライン版のWordで開きます。ファイルは、クラウドストレージの「OneDrive」上に保存され、そのまま編集も可能です。パソコンにダウンロードしたい場合は、「ファイル」タブのメニューから「名前を付けて保存」→「コピーのダウンロード」を選んでください（**図10**）。すると通常は「ダウンロード」フォルダーに保存されます。

　ちなみに、Copilotに「○○の表を作成して」などと頼むと、表の作成もしてくれます。その場合、「エクスポート」ボタンのメニューに「Excel」と表示され、オンライン版のExcelで表を開くことができます。Wordの場合と同様、図10の手順をたどることで、そのExcelファイルをダウンロードできます。

要約も翻訳もデータ分析も頼める
驚異の言語処理能力をフル活用

図1 WindowsやEdgeに搭載されているCopilotは、Edgeで開いているウェブページやPDFなどのファイルを読み取って、その内容について要約したり、回答したりできる。EdgeのCopilotは、アドレスバーの右端にある「Copilot」ボタンを押すと表示できる（❶❷）

　生成AIができることは、文章の作成やアイデアの提案だけではありません。ウェブページやPDF、テキストファイルなどを読み取ってそれを要約したり、その内容に関する質問に答えたりすることもできます。

　ChatGPTにもそのような機能はありますが、ファイルの処理などは有料契約がないと利用に制限があります。一方、ブラウザーのEdgeやWindowsに搭載されているCopilotを使うと、ウェブページやPDFファイルを直接処理できるなど、いろいろなことがタダで手軽にできてしまいます（**図1**）。

ウェブページの内容を要約できる

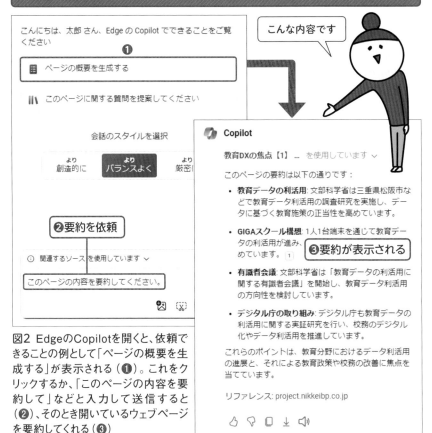

図2 EdgeのCopilotを開くと、依頼できることの例として「ページの概要を生成する」が表示される（❶）。これをクリックするか、「このページの内容を要約して」などと入力して送信すると（❷）、そのとき開いているウェブページを要約してくれる（❸）

そこでここでは、Edgeに搭載されているCopilotを使って、ビジネスに役立つ実用ワザを紹介します。

まず試したいのは、ウェブページの要約です。EdgeでCopilotを起動すると、「ページの概要を生成する」という依頼文の候補がメニュー表示されます。これをクリックするか、入力欄に「このページの内容を要約して」などと入れて送信すれば、そのとき開いているウェブページをCopilotが要約し

ページ内の言葉についても質問できる

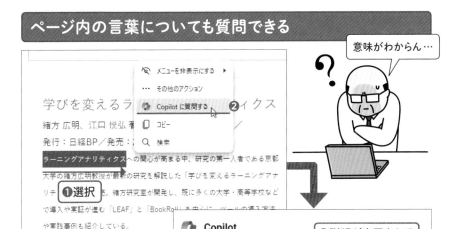

図3 Edgeでは、ウェブページ上にわからない言葉があったら、Copilotに質問できる。文字を選択するとメニューが開くので、「Copilotに質問する」を選ぶ（❶❷）。するとCopilotがその言葉の説明をしてくれる（❸）

てくれます（**図2**）。Windowsに搭載されているCopilotでも、Edgeでウェブページを開いた状態で「このページの内容を要約して」などと依頼すれば、同様にウェブページを要約してくれます。

　ウェブページ内に知らない言葉が出てきたときも、Copilotに質問するのが速いです。Edgeでウェブページ上の言葉を選択するとメニューが表示され、「Copilotに質問する」を選択できます（**図3**）。質問したい言葉をいちいちコピペしなくても、直接質問できるので簡単です。

　外国語のウェブページを閲覧するときも、Copilotは頼りになります。ウェ

外国語のページも日本語で要約

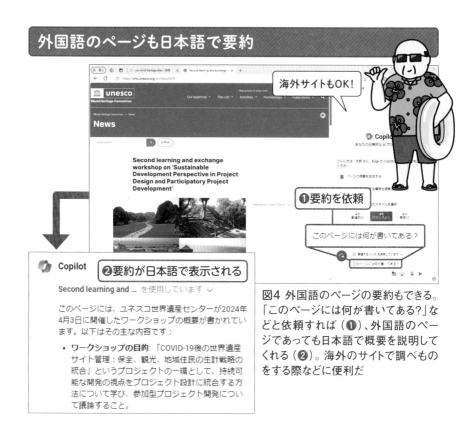

図4 外国語のページの要約もできる。「このページには何が書いてある?」などと依頼すれば（❶）、外国語のページであっても日本語で概要を説明してくれる（❷）。海外のサイトで調べものをする際などに便利だ

ブページの要約を頼んだり、何が書いてあるのか尋ねたりすれば、日本語で概要を説明してくれます（**図4**）。Copilotは幅広い言語に対応しているので、海外サイトをチェックするときの強い味方になってくれます。

PDFファイルの要約が可能、内容について質問も

統計資料や白書など、ウェブサイト上でPDFが公開されていることもよくあります。EdgeでPDFのリンクをクリックすると、Edge内で直接PDFが開きますね。実はEdge内でPDFを開くと、その内容についてもCopilotに質問できるようになります（**図5**）。PDFの内容を要約してもらったり、「この

PDFファイルの要約も可能

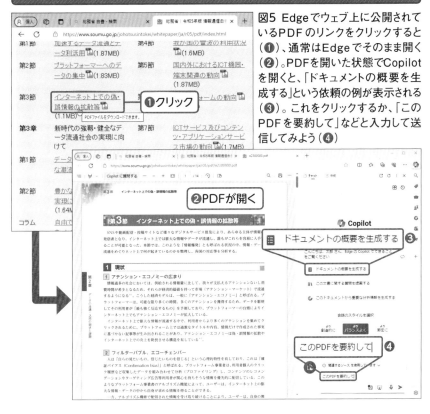

図5 Edgeでウェブ上に公開されているPDFのリンクをクリックすると（❶）、通常はEdgeでそのまま開く（❷）。PDFを開いた状態でCopilotを開くと、「ドキュメントの概要を生成する」という依頼の例が表示される（❸）。これをクリックするか、「このPDFを要約して」などと入力して送信してみよう（❹）

PDFの中に、○○に関する説明が含まれているか教えて」などと聞いたりすることが可能です。

　ただし要約に関しては、注意点があります。PDFのページ数が多いと、複数のパートに分割して要約されてしまうのです（次ページ**図6**）。「この文書の第1部では…」などと説明されますが、この「第1部」はPDF本来の章立てではなく、Copilotが勝手に分割したパート分けの1番目の部分という意味になります。

　便利なのは、EdgeでPDFファイルを開けば、パソコン内にあるPDFファ

❶要約が表示される

Copilot

🖼 n2300000.pdf を使用しています ⌄

この文書の第1部では、インターネット上での情報の流通と、それに伴う偽情報や誤情報の拡散について議論しています。以下は主なポイントです：

- アテンション・エコノミー：情報過多の社会において、人々の注意（アテンション）が経済的価値を持ち、市場で流通するようになっています。プラットフォーマーはデータを駆使して利用者が強く反応するコンテンツを予測し、アテンションを獲得しようとしています。 [1]

- フィルターバブルとエコーチ自分の興味や確証バイアスに○、同じ意見が増幅される「○に閉じ込められる傾向があり○インターネット上での集団分○す。 [2]

ニュースや真偽不明の情報の接触機会が増加しており、特にSNSでの偽・誤情報との接触頻度が高いことが指摘されています。ディープフェイク技術の進展により、偽画像・偽動画の拡散も問題となっています。

リファレンス: soumu.go.jp

View More Parts ⌄

❷続きの要約を表示

図6 CopilotがPDFの中身を読み取り、要約してくれる（❶）。ただし、PDFのページ数が多いときは、複数に分割して要約する。続きを見るには、「View More Parts」をクリックしよう（❷）。なお、回答の中で「第1部では…」などと書かれることがあるが、これはCopilotが勝手にPDFを分割して、第1部、第2部…などと呼んでいるだけなので注意しよう

イルでも、Copilotの処理対象にできることです。Edgeのウインドウ内にPDFファイルをドラッグ・アンド・ドロップすれば、EdgeでそのPDFを開けます。この状態でCopilotに質問すれば、PDFの内容を読み取って、適切に回答してくれます（**図7**）。「PDFの中から重要なキーワードをピックアップして」といった依頼もできるので、PDFの中から重要なトピックを抜き出して確認するといった作業にも使えます。PDF資料のすべてを読む時間がないときなどに重宝しますね。

テキストファイルを読み取らせて、内容を分析する

Edgeでは、PDFファイルだけでなく、テキストファイルを直接開くこともできます。Edgeで開いた状態にすれば、そのテキストファイルについてもCopilotに質問できるはずですよね？ そうなんです。テキストファイルを対

パソコン内のPDFファイルも対象にできる

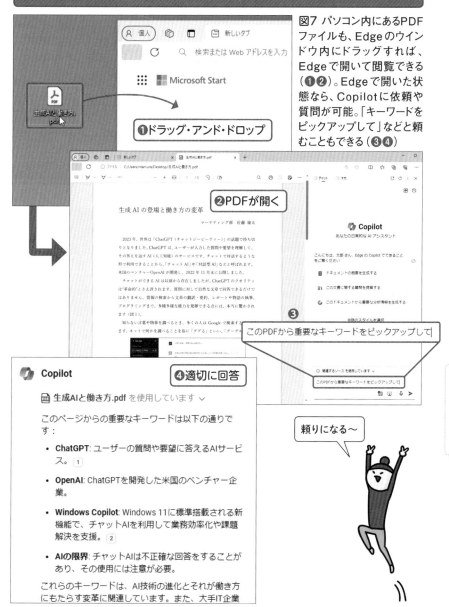

図7 パソコン内にあるPDFファイルも、Edgeのウインドウ内にドラッグすれば、Edgeで開いて閲覧できる（❶❷）。Edgeで開いた状態なら、Copilotに依頼や質問が可能。「キーワードをピックアップして」などと頼むこともできる（❸❹）

❶ドラッグ・アンド・ドロップ

❷PDFが開く

生成AIの登場と働き方の変革

マーケティング部　佐藤　康太

Copilot
あなたの日常的なAIアシスタント

このPDFから重要なキーワードをピックアップして

❸

Copilot

❹適切に回答

🗂 生成AIと働き方.pdf を使用しています ∨

このページからの重要なキーワードは以下の通りです：

- **ChatGPT**: ユーザーの質問や要望に答えるAIサービス。[1]

- **OpenAI**: ChatGPTを開発した米国のベンチャー企業。

- **Windows Copilot**: Windows 11に標準搭載される新機能で、チャットAIを利用して業務効率化や課題解決を支援。[2]

- **AIの限界**: チャットAIは不正確な回答をすることがあり、その使用には注意が必要。

これらのキーワードは、AI技術の進化とそれが働き方にもたらす変革に関連しています。また、大手IT企業

頼りになる〜

AI活用編
02
要約も翻訳もデータ分析も頼める

象にAIで要約や分析などをしたければ、Edgeで開いてからCopilotに依頼すればいいんです。

　例えば、アンケート調査の自由記述欄にどのようなことが書いてあるのか、どのような傾向にあるのかなどを分析したいとき、記述内容を1つずつ読んでいくのは大変です。そこで、記述内容をテキストファイルにしてEdgeで開きます。その状態でCopilotに「テキストファイルの内容を分析して」と頼めば、ポイントになりそうな意見をピックアップしてまとめてくれます（**図8、図9**）。これは便利ですね。

　ちなみに、マイクロソフトは当初から、Copilotにファイルを直接アップ

テキストファイルの分析も可能

❶ドラッグ・アンド・ドロップ

図8 テキストファイルもEdgeで開くことができる（❶❷）。Edgeで開いていれば、Copilotで読み取りが可能。例えば、アンケートの自由記述をまとめたテキストファイルを開いて、分析を依頼することなどができる（❸）

❷テキストファイルが開く

❸ このテキストファイルの内容を分析して

ロードして、その内容を要約させたり分析させたりするデモを披露していました。事実、2024年春には一部のパソコンのCopilotにクリップの形のボタンが表示され、クリックしてファイルを選択することで、Copilotに処理させることが可能になりました（**図10**）。しかしこれは、一部の人に向けたテスト公開だったようで、その後クリップのボタンは消えてしまいました。とはいえ、将来的にはいちいちEdgeで開かなくても、ファイルを直接扱えるようになる可能性は高いと思います。WordやExcelのファイルも直接アップロードして、Copilotに処理させられるようになることを期待したいですね。

図9 コーヒー製品に関する顧客アンケートの結果を分析してもらった例。どんな意見があったかを簡潔にまとめてくれている

●直接ファイルを指定して質問することも可能に？

図10 Copilotの入力欄には一時、クリップマークのボタンがテスト的に表示されていた。クリックすると、ファイルを選択してCopilotに読み取らせ、その内容に関する質問ができた。近い将来、この機能が正式搭載される可能性もある

画像や動画の分野でも大活躍
生成から内容の説明、加工まで全自動

現代の大都会をティラノサウルスが闊歩する
SF映画の1シーンのような写真。超リアル　❶画像のイメージを指示

❷AIが画像を生成

何でも描けるよ

図1 どんな画像を描きたいか、文字で指定するだけで（❶）、AIが画像を自動生成する（❷）。そんなサービスが多数登場している。写真から絵画、イラストタッチまで、希望した通りの画像を生成できる。企画書やプレゼン資料のイメージカットとして利用すると効果的だ

　画像や映像の分野でも、AIは目覚ましい進化を遂げています。例えば、「大都会をティラノサウルスが闊歩する写真」などと指定するだけで、AIがオリジナルの画像を自動生成するようなサービスが多数登場しています（図1）。無料で使えるものも少なくありませんので、使わないのは損です。企画書やプレゼン資料のイメージカットとして挿入するなど、ビジネスシーンでも活用できる場面はたくさんあります。

Copilotにも画像生成を頼める

図2 マイクロソフトのAI「Copilot」でも画像を生成できる。「会話のスタイル」は「より創造的に」を選ぶとよい（❶）。ここでは、「パソコンの前に座った猫が、キーを押そうとしている」というテーマで、写真のような画像を生成するように指示した（❷）。すると4つの候補が生成されてくる（❸）。サムネイル（縮小画像）をクリックすると拡大表示でき（❹）、ダウンロードも可能だ（❺）

前項までに利用してきたマイクロソフトのAIアシスタント「Copilot」でも、画像の生成はできます。チャットで会話するように「○○の画像を生成して」と頼めば、4つの画像を候補として生成してくれます（**図2**）。サムネイル（縮小画像）をクリックすると拡大ページが開き、画像をダウンロードすることもできます。

通常の質問や相談をするときと同様、チャットで会話を続けることで、画像の修正を依頼することもできます。先ほど生成した画像に対して、「アニ

❷アニメ風の画像に変わる

図3 チャットの画面では、さらに追加で要望を出すこともできる。ここでは「アニメ風にして」と指示すると（❶）、アニメに出てきそうな猫の画像が生成された（❷）。Copilotは前回の指示内容を覚えているので、イチから指示し直す必要はない

メ風にして」と頼めば、そのような画像を再生成してくれます（**図3**）。「リアル」と指示すれば写真のようになりますが、「アニメ風」「油絵風」「ダ・ヴィンチ風」「ゴッホ風」など、いろいろなスタイルを指定することができます。試してみると面白いですよ。

　なお、AIによる画像生成サービスを利用する際は、生成された画像が他人の権利を侵害していないかどうかにも注意が必要です。AIは大量の画像を読み込んで学習し、その結果を基に新たな画像を生成します。その際、学習した元の画像にそっくりの画像を生成して、その著作権を侵害してしまう恐れもあるからです。特にビジネスでは慎重に利用すべきですね。

ビジネスで使うならアドビの「Firefly」がオススメ

　マイクロソフトのCopilotでは、有料版でのみ、そのような権利侵害が発生したときの法的な補償を受けられます。そのため、無料版で生成した画

アドビの「Firefly」なら商用利用も安心

図4 アドビの「Firefly」は、著作権の問題をクリアした画像のみを学習させていて、商用利用も可能な画像生成サービスだ。無料でも月に最大25枚まで生成できる。描きたい内容を入力して「生成」を押すと（❶❷）、4枚の画像が生成される（❸）。クリックすると個別に拡大表示できる

❸画像が4枚生成される

像をビジネスで使うのは避けたほうが無難でしょう。こうしたリスクを回避したい人にオススメなのは、アドビの画像生成サービス「Firefly（ファイアーフライ）」です（**図4**）。FireflyのAIは、著作権の問題をクリアした画像のみを学習していますし、生成した画像の商用利用もOKとされています。無料ユーザーでも月に最大25枚まで生成できます。

　そのほかの画像生成サービスを利用するときも、商用利用が可能かどうかなど、利用規約をしっかり確認したうえで使うことが大切です。

画像について質問する

　AIは画像を生成できるだけではありません。画像の認識や分析もできます。Copilotのチャット入力欄には、画像アイコンのボタンがありますね。これをクリックするとメニューが開き、画像ファイルをアップロードして、それについて質問したり相談したりすることができるのです（**図5**）。画像のリンクを指定したり、クリップボードにコピーした画像を貼り付けたりしてもかまいません。

　ここでは桜と菜の花の写真をアップロードして、「この写真いついて説明して」と頼んだところ、桜と菜の花を正しく認識しただけでなく、「菜の花の鮮

画像について質問もできる

図5 Copilotには、画像について質問する機能もある。入力欄にある画像のアイコンを押すとメニューが開く（❶）。パソコン内にある画像を利用するなら、「このデバイスからアップロード」を選び、写真を選択する（❷❸）。すると入力欄にサムネイルが表示されるので（❹）、「この写真について説明して」などと入力して送信する（❺）

やかな黄色と桜の優美な色合いの対比が興味深く、日本の春の風景を象徴しています」といった論評までしてくれました（**図6**）。特徴的な建物や風景が写っている画像なら、その場所がどこの何かまで特定してくれるケースもあります。

YouTube動画の要約も可能

またCopilotでは、YouTubeの動画を要約することもできます。Edgeで
YouTubeの動画ページを開いてCopilotを起動し、「この動画の内容を要約して」などと頼むと、動画のテーマや概要を説明したうえで、主な内容の目次を生成してくれます（次ページ**図7**）。

目次には、その内容が始まる時間が記されていて、クリックするとその位置から再生を始められます。長い動画は視聴するのに時間がかかりますが、このように要約してもらえばすべてを見る必要がなくなりますし、興味

画像について
説明してくれる

完璧な説明ね

Copilot

画像を分析しています：プライバシーを保護するために顔がぼやける～
す
この写真は、鮮やかな風景が描かれています。手前には明るい黄色の花が
これは菜の花の花です。その向こうには満開の桜の木が並んでおり、白と
が美しいです。背景には草地とさらに桜の木があり、公園のような雰囲気
す。空は曇っており、光が風景全体に均等に広がっています。この画像は
かな黄色と桜の優美な色合いの対比が興味深く、日本の春の風景を象徴し
ような風景は、毎年の花見祭りで祝われています。①

図6 ここでは桜と菜の花の写真をアップロードして質問したところ、正しく認識して説明してくれた。なお、クリップボードにコピーした画像を貼り付けて質問したり、画像のリンクを貼り付けて質問したりすることもできる

のあるところだけ目次から再生してチェックできるので、忙しい人にとっては最高に便利ですね。「タイパ」(タイムパフォーマンス)重視の人にオススメです。

　画像の編集・加工の分野でもAIの存在感はグンと増しています。画像を切り抜いたり合成したりするレタッチ作業は、これまで技術と手間を必要と

YouTube動画の要約もできる

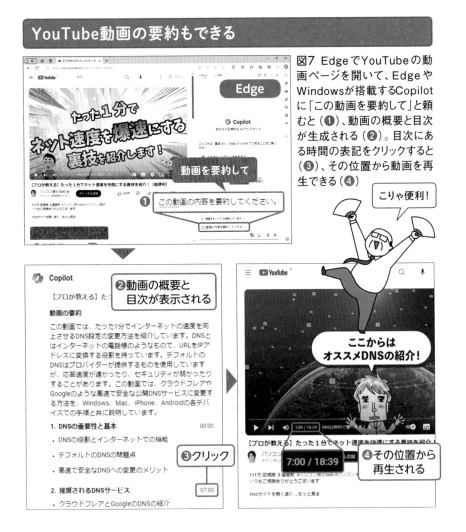

図7　EdgeでYouTubeの動画ページを開いて、EdgeやWindowsが搭載するCopilotに「この動画を要約して」と頼むと(❶)、動画の概要と目次が生成される(❷)。目次にある時間の表記をクリックすると(❸)、その位置から動画を再生できる(❹)

するものでした。ところがAIが登場して以降、誰でも一瞬で処理できるようになっています。

そんなAIレタッチ機能を多数備える「Clipdrop」というウェブサイトをここでは紹介します（**図8**）。英語のサイトですが、驚くほど便利なツールがたくさん揃っているので試してみてください。

例えば、「Remove background」（背景の削除）を選んで写真をアップロードすると、一瞬で被写体の背景を削除できます（次ページ**図9**）。以前はPhotoshopなどの画像編集アプリを使って地道に輪郭をトレースするなど手間がかかりましたが、今ではAIが全自動で瞬時に処理してくれます。残った被写体は、背景を透明化したPNG画像として保存できますので、ほかの画像の上に重ねて合成するのにも便利ですし、余計な背景のない被写体のみの画像として利用することもできます。

Clipdropのさらにスゴイ機能が、「Cleanup」（掃除）です。写真の中から不要なものを消し去る機能で、消したいものを黄色いマーカーで塗りつぶすだけで、その部分には最初から何もなかったように写真を修正してくれ

画像関連のAIを詰め込んだ神サイト

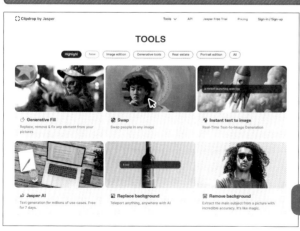

図8 画像の生成はもちろん、既存の画像を加工するなどのさまざまなAI機能を提供する「Clipdrop」のウェブサイト。無料で使える機能も結構あるので、いろいろ試してみよう

背景や不要なものをきれいに削除

✂️ Remove background ❶

❷画像をアップロードして実行

図9 Clipdropの「Tools」にある機能の1つ「Remove background」(背景の削除)を利用すると、背景をきれいに削除して被写体だけを切り抜ける(❶～❸)。無料ユーザーは長辺が1024ドットまでに制限されるが、背景が透明化されたPNG画像としてダウンロードできる。なお、利用にはGoogleアカウントなどでサインインが必要

❸背景が削除される

🧽 Cleanup ❶

図10「Cleanup」(掃除)機能を使うと、黄色いマーカーで塗りつぶした部分を消し去ることができる(❶～❹)。消した部分には、そこにありそうなものを周囲の画像から推測して自動生成するので、違和感のない画像に仕上がる

❷画像をアップロード

最初からなかったみたい！

❹消えた

❸消したいものをマウスで塗りつぶす

ます（**図10**）。写っていたものを消すと、普通はそこに穴が開いてしまうはずですが、その部分がどうなっていたかをAIが推測し、新たな画像を書き足して違和感のない状態に仕上げるのです。風景写真に余計な人が写り込んでしまった場合など、ワンタッチで消し去ることができます。

静止画を基にした動画の生成まで可能

最後に、AIが動画まで生成してくれるというサービスを紹介しましょう。「Runway」というウェブサービスです。ぜひ試していただきたいのは、1枚の静止画を基に、それを動かした動画を生成する機能。「Try Gen-2」ボタンをクリックして画像をアップロードすると、その画像を基に4秒間の動画を無料で作成できます（**図11**）。

画像から動画を生成できる驚きのサイト

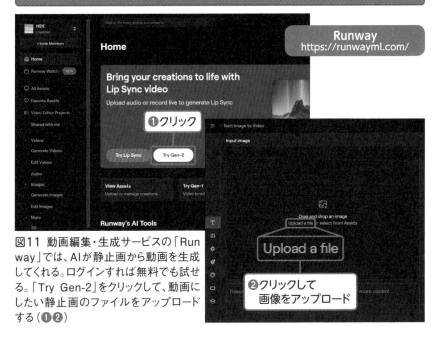

図11 動画編集・生成サービスの「Runway」では、AIが静止画から動画を生成してくれる。ログインすれば無料でも試せる。「Try Gen-2」をクリックして、動画にしたい静止画のファイルをアップロードする（❶❷）

図12 画像をアップロードできたら、「Generate 4s」ボタンをクリック。すると、4秒間の動画が生成される（❶❷）。静止画だったティラノサウルスが歩き出し、背景のビル群も少し移動するなど、違和感のない映像になっている

脚のところに注目!

❶クリック

❷動画が
　生成される

　ここでは、211ページ図4で生成したティラノサウルスの画像をアップロードして動画にしてみました（**図12**）。すると、ティラノサウルスが片脚を上げて一歩踏み出す様子が動画として生成されました。背景のビル群もゆっくりと動き出し、映画のワンシーンのような迫力のある動画が出来上がりました。

　無料で生成できるのは4秒間だけですが、このようなことが可能になるAIの進化には本当に驚かされますし、感動しますね。これもアイデア次第で、ビジネスのさまざまな場面で活用できるのではないでしょうか。

TAIKIチャンネルの
超人気動画6選
https://www.youtube.com/@taiki007

　YouTubeの「TAIKIチャンネル」では、日々のパソコン活用に役立つ情報を動画で発信しています。下記の人気動画をはじめ、パソコンやインターネットを高速化する方法、詐欺やウイルスから身を守るための知識、便利なアプリやサービスの紹介など、楽しく学べるコンテンツが満載です。ぜひチャンネル登録して視聴してみてください。

●Amazonが詐欺? 購入時の注意点

●セキュリティソフトは買うな!

●たった1分でネットを高速にする裏ワザ

●OneDriveの強制同期を解除して快適に

●スマホから即削除すべき危険アプリ

●非対応の古いPCを11にアップグレード

実用度満点の 時短ショートカットキー

ウインドウの操作

 + D し

デスクトップ画面を表示する

 + E い

エクスプローラーを開く

 + ↑

ウインドウを最大化する

 + ← →

ウインドウを画面の左半分／右半分に配置する

 + ↓

ウインドウの大きさを縮小、あるいは最小化する

Alt + Tab

別のウインドウへ表示を切り替える

Alt + F4

アプリを終了する、ウインドウを閉じる

 + I に

「設定」アプリを開く

Ctrl + Shift + Esc

タスクマネージャーを開く

 + L り

ロック画面を表示する

ファイルの操作

Ctrl + C そ

コピーする

Ctrl + X さ

切り取る

Ctrl + V ひ

貼り付ける

Ctrl +ドラッグ・アンド・ドロップ

コピーする

Shift +ドラッグ・アンド・ドロップ

移動する

F2

名前を変更する

Shift +クリック

連続したファイルを複数選択する

Ctrl +クリック

離れたファイルを複数選択する

Ctrl + A ち

フォルダー内のファイルをすべて選択する

Ctrl + Z つ

操作を取り消して直前の状態に戻す

Ctrl + Y ん

取り消し前の状態に戻す

ブラウザー

スペース

1画面分下へスクロールする

Shift + スペース

1画面分上へスクロールする

Home / End

ウェブページの先頭に戻る／末尾に移動する

Alt + ← →

直前のウェブページに戻る／進む

Ctrl + Tab

右のタブに切り替える

Ctrl + Shift + Tab

左のタブに切り替える

Alt + D し

アドレスバーにカーソルを移動する

Ctrl + F は

ウェブページ内の文字列を検索する

Ctrl +クリック

リンク先を新しいタブで開く

Ctrl + Shift +クリック

リンク先を新しいタブで開いて表示する

Excel

`Ctrl` + `+ ; れ`
今日の日付を入力する

`Ctrl` + `* : け`
現在の時刻を入力する

`Ctrl` + `D し`
下方向にセルをコピーする

`Ctrl` + `R す`
右方向にセルをコピーする

`Ctrl` + `E い`
フラッシュフィルを実行する

`Alt` + `Enter`
セル内で改行する

`Ctrl` + `J ま`
検索画面などでセル内の改行を指定する

`Ctrl` + `! 1 ぬ`
「セルの書式設定」画面を表示する
（テンキーの「1」は不可）

`F2`
セルを編集状態にする

`F4`
相対参照／絶対参照を切り替える

`Ctrl` + `↑` `↓` `←` `→`
表内で、選択セルから矢印方向の端まで移動

`Ctrl` + `Shift` + `↑` `↓` `←` `→`
表内で、選択セルから矢印方向の端まで選択

`Ctrl` +クリック
離れた位置にある複数のセルを同時に選択

`Ctrl` + `Enter`
選択中の複数のセルに同時に入力する

`Ctrl` + `Page Up`
左のシートに切り替える

`Ctrl` + `Page Down`
右のシートに切り替える

Word

`Ctrl` + `Shift` + `C そ`
書式のみをコピーする

`Ctrl` + `Shift` + `V ひ`
書式のみを貼り付ける

`Ctrl` + `スペース`
文字書式を解除する

`Ctrl` + `Q た`
段落設定を解除する

`Ctrl` + `Shift` + `N み`
すべての書式設定を解除する

`Ctrl` + `Enter`
改ページする

`Ctrl` + `M も`
インデントを挿入する

`Ctrl` + `E い`
文字（段落）を中央揃えにする

Office共通

`Ctrl` + `N み`
新規ファイルを開く

`Ctrl` + `O ら`
ファイルを開く

`F12`
「名前を付けて保存」ダイアログを開く

`Ctrl` + `S と`
ファイルを上書き保存する

`Ctrl` + `P せ`
「印刷」画面を表示する

`Ctrl` + `F は`
文字列を検索する

`Ctrl` + `H く`
文字列を置換する

【数字・アルファベット】

1、2、3…と連番を自動入力する（Excel） ········ 86
100ずつ増える連番を自動入力する（Excel） ···· 89
100までの連番を自動入力する（Excel） ·········· 91
Copilot（マイクロソフトの生成AI） ················ 190
Firefly（アドビの画像生成AI） ····················· 210
OneDrive（クラウドストレージ） ··········· 161, 198
PDFファイルを要約する ···························· 202
YouTube動画を要約する ·························· 213

【ア行】

アプリを自動で起動させる ··························· 19
アプリを素早く起動する ····························· 10
アプリを素早く終了する ····························· 23
インデントを設定する（Word） ···················· 170
ウインドウを最大化／最小化 ······················· 50
ウインドウを左右に並べて配置 ···················· 49
ウインドウを素早く切り替える ····················· 46
ウインドウをすべて最小化 ························· 51
上のセルを下にコピーする（Excel） ············· 82
ウェブサイトを自動で開く ························· 21
ウェブ上にあるファイルを検索する ··············· 66
ウェブページ内の画像から検索する ··············· 68
ウェブページ内の言葉から検索する ··············· 67
ウェブページの先頭／末尾に移動 ················ 72
ウェブページの表示を100%に戻す ············· 73
ウェブページの表示を拡大／縮小する ··········· 73
ウェブページを新しいウィンドウで開く ··········· 57
ウェブページを新しいタブで開く ··············· 55
ウェブページをスクロールする ··················· 71
ウェブページを閉じる ··························· 57
ウェブページを要約する ························· 200
エクスプローラーを一発で起動 ··················· 26
「オートSUM」ボタンを使う（Excel） ············· 140
「オートコレクト」の設定（Word） ·············· 158
「オートフィル」で自動入力（Excel） ············· 85
「オートフォーマット」の設定（Word） ··········· 157
オリジナルの連続データを登録（Excel） ········· 93

【カ行】

画像から動画を生成 ······························ 217
画像から背景を削除 ······························ 216
画像から不要なものを削除 ························ 216
画像内の文字を認識してテキスト化 ··············· 69
画像について質問する ···························· 212
画像の生成 ···································· 208
画像の配置（Word） ······························ 176
画像を基にウェブを検索する ······················ 68
紙の書類を取り込む（Word） ····················· 168
画面をロックする ·································· 52
完全に一致する語句のみを検索 ··················· 63
キーワードを除外して検索 ······················· 64
既定のアプリを変更 ······························· 41
既定のブラウザーを変更 ··························· 43
「クイックアクセス」にフォルダーを登録 ·········· 27
クロス集計表を作る（Excel） ···················· 146
合計を求める（Excel） ················· 140, 144, 146

【サ行】

最小値を求める（Excel） ···················· 142, 144
最新の情報のみを検索する ······················· 62
最大値を求める（Excel） ···················· 142, 144
サイト内で検索する ······························· 65
サイドパネルにブックマークを表示（Chrome） ··· 76
差し込み印刷（Word） ···························· 180
シートの一覧を表示させる（Excel） ············· 135
シートの切り替え（Excel） ······················ 135
時刻を自動入力する（Excel、Word） ······· 81, 165
字下げする（Word） ······························ 170
集計する（Excel） ······························ 146
小数点以下の桁数を揃える（Excel） ············· 100
書式記号（Excel） ··························· 98, 106
書式のコピー（Word） ···························· 172
数式の基本（Excel） ···························· 136
数値に単位を自動表示（Excel） ·················· 96
スタートアップで自動起動 ························· 19
「スタート画面」を表示しない（Excel、Word） ··· 160

スタートメニューに「ピン留め」する ……… 11
生成AI（人工知能） ……… 190
絶対参照（Excel） ……… 138
セル内の改行を削除する（Excel） ……… 123
相対参照（Excel） ……… 137

【タ行】

タスクバーに「ピン留め」する ……… 14
「単語登録」を使って省力化 ……… 166
重複データを削除する（Excel） ……… 124
データの個数を調べる（Excel） ……… 144, 153
テキストファイルの分析 ……… 204

【ナ行】

名前の姓と名を分割する（Excel） ……… 116
名前のフリガナを表示する（Excel） ……… 130
「名前を付けて保存」を開く（Excel、Word） ……… 161
並べ替え（Excel） ……… 113
日本語のウェブページのみを検索 ……… 61

【ハ行】

左のセルを右にコピーする（Excel） ……… 82
日付から月だけを取り出す（Excel） ……… 119
日付の表示形式（Excel） ……… 103
日付を自動入力する（Excel、Word） ……… 81, 164
日付を和暦で表示する（Excel、Word） ……… 107, 164
「ピボットテーブル」でクロス集計（Excel） ……… 146
百万単位で表示する（Excel） ……… 101
表組みのレイアウト（Word） ……… 174
表示形式（Excel） ……… 95
表全体を選択する（Excel） ……… 110
表で未入力のセルを探す（Excel） ……… 128
表の一番下に移動（Excel） ……… 126
表の一番下まで数式をコピー（Excel） ……… 131
表の移動／コピー（Excel） ……… 110
表の行と列を入れ替える（Excel） ……… 112
表の順番を入れ替える（Excel） ……… 111
表の端まで移動（Excel） ……… 128

表の端まで範囲選択（Excel） ……… 129
表の列見出しや行見出しを常に表示（Excel） ……… 132
表を並べ替える（Excel） ……… 113
表を列単位で並べ替える（Excel） ……… 114
「ピン留め」して起動しやすくする ……… 11, 14
ファイルの移動／コピー ……… 33
ファイル名に連番を付ける ……… 40
ファイル名の変更 ……… 32
ファイルを「お気に入り」に登録 ……… 29
ファイルをすべて選択する ……… 38
ファイルを飛び飛びに選択する ……… 39
ファイルを名前のキー入力で選択 ……… 30
ファイルを1つだけ除外して選択する ……… 39
ファイルを連続して選択する ……… 38
フォルダーの新規作成 ……… 32
フォルダーやファイルを自動で開く ……… 21
複数のシートを同時に表示させる（Excel） ……… 134
ブックマークの表示ボタンを固定する（Chrome） ……… 77
ブックマークバーにウェブページを登録（Chrome） ……… 75
ブラウザーでアドレスバーを選択 ……… 60
ブラウザーでタブを切り替える ……… 58
「フラッシュフィル」で一括処理（Excel） ……… 116
平均を求める（Excel） ……… 142, 144

【マ行】

メールの一斉送信（Word） ……… 186
文字と文字を結合する（Excel） ……… 120
文字の大文字／小文字を変換（Excel） ……… 121
文字の全角／半角を変換（Excel） ……… 121
文字を繰り返してコピー（Excel） ……… 90

【ヤ〜ラ行】

「ユーザー設定リスト」の登録（Excel） ……… 93
「ユーザー定義」の表示形式（Excel） ……… 96, 105
「予測候補」で省力化 ……… 163
リーディングリストの表示（Chrome） ……… 78
連続データを自動入力する（Excel） ……… 85
連番や箇条書きの自動作成をオフに（Word） ……… 157

パソコン博士TAIKI

「わかりにくいをわかりやすく」をモットーに、人々のPCライフが少しでも快適になるようなお役立ち情報や豆知識をYouTubeで発信中。パソコン、周辺機器、インターネット、セキュリティなど、ITに関わる旬なテーマを幅広く取り上げ、基本から裏ワザまで丁寧に解説している。イラストや図解を交えたユーモアたっぷりの動画は、「わかりやすい!」「目からウロコ!」と感激の声が続出。チャンネル登録者数は97万人を突破。

日経PC21

1996年3月創刊の月刊パソコン誌。WindowsやOfficeをはじめとするパソコンやITの実用情報を、わかりやすい言葉と豊富な図解・イラストで深く丁寧に解説している。

できる人のパソコン仕事術 なんと効率10倍!

2024年6月24日　第1版第1刷発行
2024年9月10日　第1版第3刷発行

著　　者	パソコン博士TAIKI
編　　集	田村規雄(日経PC21)
発　行　者	浅野祐一
発　　行	株式会社日経BP
発　　売	株式会社日経BPマーケティング
	〒105-8308　東京都港区虎ノ門4-3-12
装　　丁	山之口正和+齋藤友貴(OKIKATA)
本文デザイン	桑原 徹+櫻井克也(Kuwa Design)
制　　作	会津圭一郎(ティー・ハウス)
印刷・製本	TOPPANクロレ株式会社

ISBN978-4-296-20457-1

©TAIKI 2024
Printed in Japan

本書籍に関するお問い合わせ、ご連絡は下記にて承ります。
https://nkbp.jp/booksQA